Limpiador/a de Edificios del Ayuntamiento de León

Marzo, 2024

Curso

La diferencia entre aprobar y sacar plaza

Limpiador/a de Edificios

AYUNTAMIENTO DE LEÓN

Accede a tu **Curso MAD360** y disfruta de los siguientes recursos:

- Técnicas de Memoria 360.
- Test *online*.
- Temario en formato digital.
- Vídeos.
- Planificación de estudio.
- Foro entre opositores hasta la fecha del examen.*
- Recursos y novedades exclusivas.
- Consulta sobre la oposición y el proceso selectivo.
- Actualizaciones legislativas (Boletines Oficiales) hasta 60 días antes de la fecha del examen.*

Para acceder al Curso MAD360** será necesaria la compra de todos los libros para esta especialidad de la edición 2024.

Valida los códigos que encuentras en la última página de tus libros y disfruta de la experiencia MAD360.

Infórmate en: mad.es/registro-campus

NOTA IMPORTANTE:

* Examen de esta categoría profesional correspondiente a la convocatoria publicada en el BOCYL n.º 26, de 6 de febrero de 2024, o hasta el 30 de junio del 2025, lo que se cumpla antes.

** El acceso al CURSO MAD360 estará disponible desde marzo de 2024 (algunos recursos podrían estar disponibles en fecha posterior). Tendrá una duración de 365 días, desde la validación de códigos, o hasta el 31 de diciembre del 2025, lo que se cumpla antes.

MAD se reserva el derecho a ampliar dichas fechas.

Limpiador/a de Edificios del Ayuntamiento de León

Test del temario

Autores

M.ª DOLORES MOLADA LÓPEZ
Diplomada en Magisterio
Técnica en Prevención de Riesgos Laborales

FRANCISCO JESÚS TORRES FONSECA
Licenciado en Derecho

ANA MARÍA SERRANO BÁRCENA
Licenciada en Biología

JUAN MANUEL GIL RAMOS
Licenciado en Medicina
Master en Salud Ambiental

HERMINIA ANDRADES ROMERO
Diplomada en Fisioterapia

ENCARNA ROJO FRANCO
Profesora de Derecho Público

© 7 Editores Recursos para la Cualificación Profesional y el Empleo, S.L. (7 Editores)
© Los autores
Primera edición, marzo 2024 (150 páginas)
Derechos de edición reservados a favor de 7 Editores
IMPRESO EN ESPAÑA
Diseño Portada: 7 Editores
Edita: 7 Editores
Avda. San Francisco Javier, 9 · Edificio Sevilla 2 · Planta 11 · Módulos 25-27 · 41018 Sevilla
Teléfono: 954 784 411 · WEB: www.mad.es · e-mail: administracion@7editores.com
ISBN: 978-84-142-7996-0
© "Editorial Mad" y "Eduforma" son nombres comerciales registrados de
7 Editores Recursos para la Cualificación Profesional y el Empleo, S.L.

 Índice

TEST
PARTE GENERAL

TEST N.º 1

La organización municipal. Órganos necesarios y complementarios. El Alcalde. Tenientes de Alcalde y Concejales Delegados. El Pleno. La Junta de Gobierno Local

1. La personalidad jurídica de los Municipios, según la Constitución Española, es:

a) Propia.
b) Plena.
c) Reconocida por el Ente que los crea.
d) Dependiente de su autonomía.

2. Según nuestra Constitución, los Concejales no son elegidos por sufragio:

a) Universal.
b) Igual.
c) Paritario.
d) Libre.

3. La organización municipal complementaria que establezca una Comunidad Autónoma con carácter general, respecto a los Municipios de la misma:

a) Se aplica preferentemente a la establecida con tal carácter por el Estado.
b) Se aplica preferentemente a la establecida por el Reglamento Orgánico de cada Municipio.
c) Se aplica después de la del Estado y la del Reglamento Orgánico.
d) Las respuestas a) y b) son ciertas.

4. La elección de un Alcalde, tras unas elecciones locales, se efectúa:

a) Directamente en las elecciones locales.
b) En sesión extraordinaria al efecto.
c) En la sesión constitutiva de la Corporación.
d) Por los vecinos exclusivamente.

5. La destitución del Presidente de una Corporación Local se efectúa a través de la:

a) Renuncia.
b) Cuestión de confianza.
c) Moción de censura.
d) Las respuestas b) y c) son ciertas.

6. ¿Se puede presentar más de una moción de censura contra el mismo Presidente de una Entidad Local?

a) Sí, cuando prospere una de ellas.
b) Solo en distintos períodos de sesiones.
c) Depende del Reglamento Orgánico de la Entidad.
d) Nada de lo expuesto es cierto.

7. En una moción de censura contra un Presidente de una Entidad Local, puede/n ser candidato:

a) Los cabezas de lista.
b) Los portavoces de los Grupos Políticos.
c) Cualquier Concejal cuya aceptación expresa conste en el escrito de proposición de la moción.
d) Ninguno de los anteriores.

8. En el caso de que la cuestión de confianza planteada por un Alcalde no obtuviera el número necesario de votos favorables para la aprobación del acuerdo:

a) Quedan cesados todos sus miembros.
b) El Alcalde cesará automáticamente, quedando en funciones hasta la toma de posesión de quien hubiere de sucederle en el cargo.
c) Se nombra como tal al primer Teniente de Alcalde.
d) Se hace una nueva sesión constitutiva, tras la celebración de elecciones.

9. La denominada competencia residual, en virtud de la cual se le atribuyen aquellas competencias que no estén expresamente asignadas a otro órgano, la tiene en un Ayuntamiento el/la/las:

a) Pleno.
b) Comisiones Informativas.
c) Presidente.
d) Junta de Gobierno Local.

10. El voto de calidad del Presidente de una Corporación Local:

a) Inclina la votación al sector en el que él haya votado, en caso de empate producido en la reunión de un órgano colegiado.
b) Da fe del resultado de la votación.

c) Significa que es muy importante quien emite el voto.
d) Provoca la irrecurribilidad del acuerdo adoptado.

11. La aprobación del proyecto de presupuesto en un Municipio de gran población es competencia del/de la:

a) Presidente.
b) Junta de Gobierno Local.
c) Pleno.
d) Comunidad Autónoma.

12. La delegación de competencias de un Alcalde:

a) Se efectúa por acuerdo de Pleno.
b) Se reviste formalmente en forma de Decreto de dicho Pleno.
c) Se puede dar en todo tipo de materias.
d) Nada de lo anterior es correcto.

13. Los nombramientos de funcionarios en los Ayuntamientos de Municipios de régimen común corresponden al/a la:

a) Pleno.
b) Junta de Gobierno Local.
c) Presidente.
d) Delegado de Personal.

14. La aprobación de las formas de gestión de los servicios públicos en los Ayuntamientos de Municipios de régimen común corresponde genuinamente al/a la:

a) Pleno.
b) Presidente.
c) Junta de Gobierno Local.
d) Comunidad Autónoma respectiva.

15. En un Municipio de 7.000 habitantes, ¿cuántos Concejales habrán de elegirse para su Ayuntamiento?

a) Siete.
b) Diez.
c) Trece.
d) Quince.

16. La representación del Ayuntamiento compete al/a la/a los:

a) Alcalde.
b) Pleno.

c) Junta de Gobierno Local.

d) Tenientes de Alcalde en su ámbito competencial respectivo.

17. La Relación de Puestos de un Ayuntamiento de un Municipio de gran población la aprueba el/la:

a) Junta de Personal.

b) Pleno.

c) Alcalde.

d) Junta de Gobierno Local.

18. Conceder gratificaciones al personal en Ayuntamientos de Municipios de régimen común es competencia del/de la:

a) Pleno.

b) Presidente.

c) Junta de Gobierno Local.

d) Junta de Personal.

19. El ejercicio normal de acciones judiciales compete en un Municipio de gran población al/a la/a los:

a) Presidente.

b) Pleno.

c) Junta de Gobierno Local.

d) Anteriores, en las materias de sus respectivas competencias.

20. Señala cuál de los siguientes puede ser una forma de organización desconcentrada del Municipio, para la administración de núcleos de población separados, sin personalidad jurídica:

a) Parroquia.

b) Pedanía.

c) Aldea.

d) Todos los anteriores pueden serlo.

21. La Junta de Gobierno Local de un Ayuntamiento de Municipio de régimen común tiene, además del Presidente, los siguientes miembros como máximo:

a) Diez.

b) Depende del número de habitantes.

c) Dos tercios del de la Corporación.

d) Un tercio de estos.

22. Los Concejales-Delegados se nombran por el/la:

a) Presidente.
b) Pleno.
c) Grupo Político.
d) Junta de Gobierno Local.

23. Cuando un Teniente de Alcalde sustituye al Alcalde en una sesión, en la deliberación y votación de un asunto en el que el sustituido debe abstenerse:

a) Tiene un doble voto.
b) Preside circunstancialmente la misma.
c) No puede votar.
d) No puede hacerlo.

24. El Pleno, respecto del nombramiento de los Tenientes de Alcalde:

a) Es oído previamente.
b) Toma conocimiento.
c) Lo aprueba.
d) No tiene nada que hacer.

25. El régimen retributivo de los órganos directivos municipales en un Municipio de gran población se establece por el/la:

a) Concejal-Delegado de Personal.
b) Alcalde.
c) Pleno.
d) Junta de Gobierno Local.

26. Los representantes personales en poblados y barriadas se dan solo en:

a) Los Municipios.
b) Las Provincias.
c) Las Islas menores.
d) Todas las respuestas son correctas.

27. La Comisión Especial de Cuentas es un órgano:

a) Necesario.
b) Complementario y, por lo tanto, facultativo.
c) Voluntario.
d) Decisorio.

28. Las Juntas Municipales de Distrito son creadas por el/la/los:

a) Comunidad Autónoma de que se trate.
b) Consejos Sectoriales.
c) Pleno del Ayuntamiento de que dependan.
d) Alcalde, a quien corresponde el nombramiento de sus integrantes.

29. Los grupos políticos de una Entidad Local deben estar representados forzosamente en la/los:

a) Comisión Especial de Cuentas.
b) Órganos desconcentrados.
c) Consejos Sectoriales.
d) Todas las respuestas son correctas.

30. Tiene carácter transitorio en el mandato de una Corporación Local el/la/las:

a) Comisiones Informativas Especiales.
b) Comisión Especial de Cuentas.
c) Pleno.
d) Comisiones Informativas en general.

31. El órgano complementario que se constituye con y sin miembros de la Corporación para tratar colegiadamente asuntos que afectan a materias concretas de la actividad y competencia de un Municipio se llama:

a) Comisión Informativa.
b) Consejo Sectorial.
c) Junta Municipal de Distrito.
d) Comisión Especial de Cuentas.

32. Los Consejos Sectoriales se presiden por el:

a) Presidente de la Corporación.
b) Miembro de esta que designe el Pleno.
c) Miembro de esta que designe el Presidente.
d) Elegido por y entre sus miembros.

33. Para ser representante personal del Alcalde en una barriada se requiere:

a) Elección por el Pleno.
b) Ser elegido en las elecciones locales por esa circunscripción.
c) Pertenecer al grupo de gobierno municipal.
d) Vivir en ella.

Solución al test n.º 1

1. b) Plena.

2. c) Paritario.

3. b) Se aplica preferentemente a la establecida por el Reglamento Orgánico de cada Municipio.

4. c) En la sesión constitutiva de la Corporación.

5. d) Las respuestas b) y c) son ciertas.

6. d) Nada de lo expuesto es cierto.

7. c) Cualquier Concejal cuya aceptación expresa conste en el escrito de proposición de la moción.

8. b) El Alcalde cesará automáticamente, quedando en funciones hasta la toma de posesión de quien hubiere de sucederle en el cargo.

9. c) Presidente.

10. a) Inclina la votación al sector en el que él haya votado, en caso de empate producido en la reunión de un órgano colegiado.

11. b) Junta de Gobierno Local.

12. d) Nada de lo anterior es correcto.

13. c) Presidente.

14. a) Pleno.

15. c) Trece.

16. a) Alcalde.

17. d) Junta de Gobierno Local.

18. b) Presidente.

19. d) Anteriores, en las materias de sus respectivas competencias.

20. d) Todos los anteriores pueden serlo.

21. d) Un tercio de estos.

22. a) Presidente.

23. b) Preside circunstancialmente la misma.

24. b) Toma conocimiento.

25. c) Pleno.

26. a) Los Municipios.

27. a) Necesario.

28. c) Pleno del Ayuntamiento de que dependan.

29. a) Comisión Especial de Cuentas.

30. a) Comisiones Informativas Especiales.

31. b) Consejo Sectorial.

32. c) Miembro de esta que designe el Presidente.

33. d) Vivir en ella.

TEST N.º 2

La igualdad efectiva de mujeres y hombres: el principio de igualdad y la tutela contra la discriminación. Régimen jurídico para la igualdad real y efectiva de las personas trans y para la garantía de los derechos de las personas LGTBI: Disposiciones generales

1. El objeto y el ámbito de aplicación de la Ley para la Igualdad efectiva entre Mujeres y Hombres, vienen recogidos en su:

a) Disposición Final Primera.
b) Disposición Adicional Primera.
c) Título Primero.
d) Título Preliminar.

2. Según su artículo 1, la LO 3/2007 tiene por objeto hacer efectivo el derecho de:

a) Conciliación de la vida laboral y familiar de mujeres y hombres.
b) Igualdad de trato y de oportunidades entre mujeres y hombres.
c) Participación en los asuntos públicos en igualdad de condiciones.
d) No discriminación por razón de sexo.

3. Las obligaciones establecidas en la LO 3/2007 son de aplicación:

a) A toda persona, física o jurídica, que se encuentre o actúe en territorio español, cualquiera que fuese su nacionalidad, domicilio o residencia.
b) A todos los ciudadanos españoles, ya sea en territorio español o territorio de cualquier país extranjero.
c) A toda persona, física o jurídica, que se encuentre o actúe en territorio español, con nacionalidad española.
d) A toda persona, física o jurídica, que resida en territorio español, cualquiera que fuese su nacionalidad.

4. Según el artículo 4 de la LO 3/2007, la igualdad de trato y de oportunidades entre mujeres y hombres:

a) Es un deber de las Administraciones Públicas.
b) Es una fuente formal del Derecho.
c) Es un principio informador del ordenamiento jurídico.
d) Es un objetivo fundamental del procedimiento administrativo.

5. El principio de igualdad de trato y de oportunidades entre mujeres y hombres:

a) Sólo se aplica en el ámbito del empleo público.
b) Se garantizará incluso en el acceso al trabajo por cuenta propia.
c) No se aplica en la afiliación y participación en organizaciones sindicales o empresariales.
d) Se garantizará en los términos que prevean los convenios colectivos.

6. La situación en que se encuentra una persona que sea, haya sido o pudiera ser tratada, en atención a su sexo, de manera menos favorable que otra en situación comparable, se considera:

a) Discriminación directa.
b) Acoso sexual.
c) Discriminación indirecta.
d) Violencia de género.

7. Una diferencia de trato basada en una característica relacionada con el sexo ¿constituye discriminación en el acceso al empleo?

a) Sí, en todo caso.
b) No, siempre que la formación necesaria se base en dicha característica.
c) No, siempre que dicha característica constituya un requisito profesional esencial y determinante.
d) No, si debido a la naturaleza de las actividades profesionales concretas o al contexto en el que se lleven a cabo, dicha característica constituya un requisito profesional esencial y determinante, siempre y cuando el objetivo sea legítimo y el requisito proporcionado.

8. En virtud del artículo 6.2 de la LO 3/2007, la situación en que una disposición, criterio o práctica aparentemente neutros pone a personas de un sexo en desventaja particular con respecto a personas del otro:

a) En cualquier caso constituirá discriminación directa.
b) En cualquier caso constituirá discriminación indirecta.
c) No se considera discriminación indirecta si dicha disposición, criterio o práctica pueden justificarse objetivamente en atención a una finalidad legítima y los medios para alcanzar dicha finalidad son necesarios y adecuados.
d) En ningún caso podrá considerarse discriminación.

9. Conforme al artículo 6.3 de la LO 3/2007, toda orden de discriminar por razón de sexo:

a) Sólo se considera discriminatoria si se ordena discriminar directamente.
b) En ningún caso se puede considerar discriminatoria.
c) Sólo se considera discriminatoria si ordena una discriminación indirecta.
d) En cualquier caso se considera discriminatoria, sea directa o indirecta.

10. A los efectos de la LO 3/2007, definimos como acoso sexual:

a) Cualquier comportamiento realizado en función del sexo de una persona, con el propósito o el efecto de atentar contra su dignidad y de crear un entorno intimidatorio, degradante u ofensivo.
b) La situación en que una disposición, criterio o práctica aparentemente neutros pone a personas de un sexo en desventaja particular con respecto a personas del otro, salvo que dicha disposición, criterio o práctica puedan justificarse objetivamente en atención a una finalidad legítima y que los medios para alcanzar dicha finalidad sean necesarios y adecuados.
c) Todo trato desfavorable a las mujeres relacionado con el embarazo o la maternidad.
d) Cualquier comportamiento, verbal o físico, de naturaleza sexual que tenga el propósito o produzca el efecto de atentar contra la dignidad de una persona, en particular cuando se crea un entorno intimidatorio, degradante u ofensivo.

11. Según el artículo 8 de la LO 3/2007, todo trato desfavorable a las mujeres relacionado con el embarazo o la maternidad constituye:

a) Acoso sexual.
b) Acoso por razón de sexo.
c) Discriminación directa por razón de sexo.
d) Discriminación indirecta por razón de sexo.

12. Cualquier comportamiento realizado en función del sexo de una persona, con el propósito o el efecto de atentar contra su dignidad y de crear un entorno intimidatorio, degradante u ofensivo, constituye:

a) Discriminación directa.
b) Acoso sexual.
c) Acoso por razón de sexo.
d) Discriminación indirecta.

13. Conforme al artículo 7.4 de la LO 3/2007, el condicionamiento de un derecho o de una expectativa de derecho a la aceptación de una situación constitutiva de acoso sexual o de acoso por razón de sexo se considerará:

a) Acto de discriminación por razón de sexo.
b) Creación de un entorno intimidatorio, degradante u ofensivo.

c) Anulable y sin efecto.
d) Indemnizable.

14. En virtud del artículo 9 de la LO 3/2007, cualquier trato adverso o efecto negativo que se produzca en una persona como consecuencia de la presentación por su parte de queja, reclamación, denuncia, demanda o recurso, de cualquier tipo, destinados a impedir su discriminación y a exigir el cumplimiento efectivo del principio de igualdad de trato entre mujeres y hombres, se considerará:

a) Discriminación directa.
b) Discriminación por razón de sexo.
c) Injustificado.
d) Acoso sexual.

15. Para prevenir la realización de conductas discriminatorias en los actos y las cláusulas de los negocios jurídicos, el artículo 10 de la LO 3/2007 prevé la existencia de un sistema de sanciones eficaz y:

a) Proporcionado.
b) Comprensible.
c) Cuantificable.
d) Disuasorio.

16. Según el artículo 10 de la LO 3/2007, los actos y las cláusulas de los negocios jurídicos que constituyan o causen discriminación por razón de sexo se considerarán:

a) Válidos, pero anulables.
b) Nulos y sin efecto.
c) Ilegales.
d) Nulos, pero con efectos.

17. Conforme al artículo 12 de la LO 3/2007, cualquier persona podrá recabar de los tribunales la tutela del derecho a la igualdad entre mujeres y hombres, de acuerdo con lo establecido en el artículo 53.2 de la Constitución:

a) Siempre que la relación en la que supuestamente se produce la discriminación se encuentre vigente.
b) Incluso tras la terminación de la relación en la que supuestamente se ha producido la discriminación.
c) Siempre que se haya dado por terminada la relación en la que supuestamente se produce la discriminación.
d) A menos que se haya procedido a la suspensión de la relación en la que supuestamente se produce la discriminación.

18. La capacidad y la legitimación para intervenir en los procesos civiles, sociales y contencioso-administrativos que versen sobre la defensa del derecho de igualdad entre mujeres y hombres, corresponden a:

a) La persona acosada, únicamente.
b) Cualquier ciudadano.
c) Las personas físicas y jurídicas con interés legítimo.
d) Cualquier persona jurídica.

19. La persona acosada será la única legitimada en los litigios:

a) Sobre discriminación directa.
b) Sobre acoso sexual y acoso por razón de sexo.
c) Sobre acoso sexual únicamente.
d) Únicamente sobre acoso por razón de sexo.

20. El artículo 14 de la LO 3/2007 señala como uno de los criterios generales de actuación de los Poderes Públicos para el cumplimiento de los fines de esta ley, la participación equilibrada de mujeres y hombres en:

a) Los órganos colegiados de organismos públicos.
b) Los órganos directivos de las empresas de más de 250 trabajadores.
c) Los tribunales de selección y de decisión.
d) Las candidaturas electorales y en la toma de decisiones.

21. Según el artículo 3 de la Ley 4/2023, de 28 de febrero, para la igualdad real y efectiva de las personas trans y para la garantía de los derechos de las personas LGTBI, se entenderá como "discriminación directa":

a) La situación en que se encuentra una persona o grupo en que se integra que sea, haya sido o pudiera ser tratada de manera menos favorable que otras en situación análoga o comparable por razón de orientación sexual e identidad sexual, expresión de género o características sexuales.
b) Cuando una disposición, criterio o práctica aparentemente neutros ocasiona o puede ocasionar a una o varias personas una desventaja particular con respecto a otras por razón de orientación sexual, e identidad sexual, expresión de género o características sexuales.
c) Cualquier conducta realizada por razón de alguna de las causas de discriminación previstas en esta ley, con el objetivo o la consecuencia de atentar contra la dignidad de una persona o grupo en que se integra y de crear un entorno intimidatorio, hostil, degradante, humillante u ofensivo.
d) Cuando una persona o grupo en que se integra, debido a su relación con otra sobre la que concurra alguna de las causas de discriminación por razón de orientación e identidad sexual, expresión de género o características sexuales, es objeto de un trato discriminatorio.

22. A la vivencia interna e individual del sexo tal y como cada persona la siente y autodefine, pudiendo o no corresponder con el sexo asignado al nacer; se le denomina en la Ley 4/2023:

a) Orientación sexual.
b) Identidad sexual.
c) Expresión de género.
d) Homofobia.

Solución al test n.º 2

1. d) Título Preliminar.

2. b) Igualdad de trato y de oportunidades entre mujeres y hombres.

3. a) A toda persona, física o jurídica, que se encuentre o actúe en territorio español, cualquiera que fuese su nacionalidad, domicilio o residencia.

4. c) Es un principio informador del ordenamiento jurídico.

5. b) Se garantizará incluso en el acceso al trabajo por cuenta propia.

6. a) Discriminación directa.

7. d) No, si debido a la naturaleza de las actividades profesionales concretas o al contexto en el que se lleven a cabo, dicha característica constituya un requisito profesional esencial y determinante, siempre y cuando el objetivo sea legítimo y el requisito proporcionado.

8. c) No se considera discriminación indirecta si dicha disposición, criterio o práctica pueden justificarse objetivamente en atención a una finalidad legítima y los medios para alcanzar dicha finalidad son necesarios y adecuados.

9. d) En cualquier caso se considera discriminatoria, sea directa o indirecta.

10. d) Cualquier comportamiento, verbal o físico, de naturaleza sexual que tenga el propósito o produzca el efecto de atentar contra la dignidad de una persona, en particular cuando se crea un entorno intimidatorio, degradante u ofensivo.

11. c) Discriminación directa por razón de sexo.

12. c) Acoso por razón de sexo.

13. a) Acto de discriminación por razón de sexo.

14. b) Discriminación por razón de sexo.

15. d) Disuasorio.

16. b) Nulos y sin efecto.

17. b) Incluso tras la terminación de la relación en la que supuestamente se ha producido la discriminación.

18. c) Las personas físicas y jurídicas con interés legítimo.

19. b) Sobre acoso sexual y acoso por razón de sexo.

20. d) Las candidaturas electorales y en la toma de decisiones.

21. a) La situación en que se encuentra una persona o grupo en que se integra que sea, haya sido o pudiera ser tratada de manera menos favorable que otras en situación análoga o comparable por razón de orientación sexual e identidad sexual, expresión de género o características sexuales.

22. b) Identidad sexual.

TEST N.º 3

El personal al servicio de las Administraciones Públicas: Derechos y Deberes

1. ¿De qué forma se aprobó la vigente Ley del Estatuto Básico del Empleado Público?

a) Por una Ley Orgánica.
b) Mediante un Texto Refundido.
c) Mediante una Ley de Bases.
d) Por un Real Decreto-Ley.

2. El empleo en el sector público se caracteriza por estar configurado por un modelo:

a) Unitario de personal funcionario.
b) Unitario de personal estatutario.
c) Dual de regímenes jurídicos, personal funcionario y personal laboral.
d) De tres regímenes jurídicos, personal funcionario, personal laboral y personal de designación.

3. El vigente Estatuto Básico del Empleado Público tiene por objeto:

a) Establecer las bases del personal laboral incluido en su ámbito de aplicación y determinar las normas aplicables al personal funcionario al servicio de las Administraciones Públicas.
b) Establecer las bases del régimen estatutario de los funcionarios públicos y del personal laboral incluidos en su ámbito de aplicación y determinar las normas que les son aplicables.
c) Establecer las normas aplicables al personal funcionario y laboral al servicio de las Administraciones Públicas.
d) Establecer las bases del régimen estatutario de los funcionarios públicos incluidos en su ámbito de aplicación y determinar las normas aplicables al personal laboral al servicio de las Administraciones Públicas.

4. Pueden nombrarse funcionarios interinos para la ejecución de programas de carácter temporal, que no podrán tener una duración:

a) Inferior a 12 meses ni superior a 3 años.
b) Inferior a 3 años.
c) Superior a 3 años, ampliables hasta 12 meses más por las leyes de Función Pública que se dicten en desarrollo del EBEP.
d) Superior a 12 meses, prorrogables hasta 3 meses más.

5. Pueden nombrarse funcionarios interinos por exceso o acumulación de tareas por plazo:

a) Máximo de 9 meses, dentro de un periodo de 18 meses.
b) Mínimo de 6 meses y máximo de 12 meses.
c) Máximo de 12 meses.
d) Máximo de 12 meses dentro de un periodo de 3 años.

6. A tenor del artículo 14 del EBEP los empleados públicos tienen derecho:

a) A la inamovilidad en la condición de funcionario de carrera.
b) A la formación continua y a la actualización permanente de sus conocimientos y capacidades profesionales, preferentemente fuera del horario laboral.
c) A la libertad de expresión, sin restricción alguna.
d) A participar en la consecución de los objetivos atribuidos a la unidad donde preste sus servicios y a ser consultado por sus superiores por las tareas a desarrollar.

7. Los empleados públicos tienen derecho a la libertad de expresión:

a) En los términos que establezca una ley.
b) En los términos que se establezcan reglamentariamente.
c) A través de sus representantes sindicales.
d) Dentro de los límites del ordenamiento jurídico.

8. Los Empleados Públicos:

a) Podrán voluntariamente acatar la Constitución y el resto de normas que integran el ordenamiento jurídico.
b) Podrán abstenerse en aquellos asuntos en los que tengan un interés personal.
c) Su actuación perseguirá la satisfacción de los intereses del Gobierno.
d) Guardarán secreto de las materias clasificadas.

9. Según el artículo 53 del EBEP, es un principio del código ético de los empleados públicos:

a) El desempeño de las tareas correspondientes a su puesto de trabajo se realizará de forma diligente y cumpliendo la jornada y el horario establecidos.
b) Honradez.

c) Respeto a la igualdad entre mujeres y hombres.

d) Ajustar su actuación a los principios de lealtad y buena fe con la Administración en la que presten sus servicios, y con sus superiores, compañeros, subordinados y con los ciudadanos.

10. Según el Estatuto Básico del Empleado Público, la actuación de este perseguirá la satisfacción de los intereses generales de los ciudadanos y se fundamentará en consideraciones objetivas orientadas hacia la imparcialidad y:

a) El interés común.
b) La transparencia.
c) La eficacia.
d) La economía.

11. Según el artículo 6 de la Ley 7/2005, de 24 de mayo, de la Función Pública de Castilla y León, corresponde en particular a la Junta de Castilla y León:

a) Aprobar la oferta de empleo público.
b) La resolución de los expedientes sobre incompatibilidades del personal al servicio de la Administración de la Comunidad de Castilla y León.
c) Reconocer las situaciones administrativas de los funcionarios.
d) Reconocer la adquisición y cambio de grado personal.

12. No figura en la clasificación del personal de la Administración de Castilla y León, según el artículo 13 de la Ley 7/2005:

a) Personal eventual.
b) Personal laboral.
c) Personal interino.
d) Personal especializado.

13. ¿Cuál de las siguientes opciones se corresponde con uno de los principios y criterios informadores por los que se ordena la Función Pública de la Administración de la Comunidad de Castilla y León, según el artículo 3 de la Ley 7/2005?

a) Profesionalización de la carrera administrativa.
b) Transparencia.
c) Evaluación y responsabilidad en la gestión.
d) Jerarquía en la atribución, ordenación y desempeño de las funciones y tareas.

14. ¿Con cuántos representantes del personal, designados por las organizaciones sindicales, cuenta el Consejo de la Función Pública de Castilla y León?

a) 3.
b) 4.

c) 6.
d) 12.

15. ¿Cuál es el órgano superior colegiado de coordinación, en materia de función pública, entre la Administración de la Comunidad de Castilla y León y la Administración Local?

a) El Comité Interadministrativo de Castilla y León.
b) La Delegación Interadministrativa Regional de Función Pública.
c) La Comisión Regional de la Función Pública.
d) La Junta Regional de Función Pública.

16. La prestación de servicios en calidad de personal interino:

a) No se considerará mérito especial para el acceso a la condición de funcionario ni para la promoción interna.
b) No se considerará mérito especial para el acceso a la condición de funcionario pero sí para la promoción interna.
c) Se considerará mérito especial para el acceso a la condición de funcionario pero no para la promoción interna.
d) Se considerará mérito especial para el acceso a la condición de funcionario y para la promoción interna.

17. Los funcionarios de carrera son aquellos quienes, en virtud de nombramiento legal, están vinculados a una Administración Pública por una relación estatutaria regulada por:

a) El Derecho Laboral.
b) El Derecho Administrativo.
c) El Derecho Civil.
d) El Derecho Constitucional.

18. Es una característica de la figura del funcionario de carrera:

a) Presta sus servicios en virtud de un contrato de trabajo formalizado por escrito.
b) Realiza en exclusiva funciones expresamente calificadas como de confianza o asesoramiento especial.
c) Relación regulada por el Derecho Laboral.
d) Desempeño de servicios profesionales retribuidos de carácter permanente.

19. Los funcionarios interinos serán nombrados por razones expresamente justificadas de necesidad y:

a) Economía.
b) Eficacia.

c) Urgencia.
d) Calidad.

20. El número de puestos cubiertos por personal eventual en la Administración de Castilla y León:

a) Es indefinido e ilimitado.
b) Está limitado por un máximo establecido por la Junta de Castilla y León.
c) Está limitado a tres por cada órgano superior de la Administración autonómica.
d) No puede hacerse público, puesto que se trata de personal de confianza.

21. En relación al personal eventual, la Ley 7/2005 dispone que:

a) El número máximo de este tipo de personal se establecerá por ley de las Cortes de Castilla y León.
b) El cese de este personal no va ligado, en ningún caso, al de la autoridad a la que se preste la función de confianza o asesoramiento.
c) La condición de personal eventual constituye mérito para el acceso a la Función Pública y para la promoción interna.
d) Este personal solo realiza funciones expresamente calificadas como de confianza o asesoramiento especial.

22. En todo caso, el personal eventual cesará:

a) Cuando transcurran 4 años ininterrumpidos desde su nombramiento.
b) Cuando concluya la tarea por la que fue designado.
c) Cuando se produzca el cese de la autoridad a la que se preste la función de confianza o asesoramiento.
d) Cuando exista personal funcionario de carrera que pueda ejercer sus funciones.

23. ¿Quién aprueba la Oferta de Empleo Público de la Administración de Castilla y León?

a) Las Cortes de Castilla y León.
b) La Junta de Castilla y León.
c) El Consejero competente en materia de función pública.
d) El Consejero correspondiente en cada Consejería.

Solución al test n.º 3

1. b) Mediante un Texto Refundido.

2. c) Dual de regímenes jurídicos, personal funcionario y personal laboral.

3. d) Establecer las bases del régimen estatutario de los funcionarios públicos incluidos en su ámbito de aplicación y determinar las normas aplicables al personal laboral al servicio de las Administraciones Públicas.

4. c) Superior a 3 años, ampliables hasta 12 meses más por las leyes de Función Pública que se dicten en desarrollo del EBEP.

5. a) Máximo de 9 meses, dentro de un periodo de 18 meses.

6. a) A la inamovilidad en la condición de funcionario de carrera.

7. d) Dentro de los límites del ordenamiento jurídico.

8. d) Guardarán secreto de las materias clasificadas.

9. d) Ajustar su actuación a los principios de lealtad y buena fe con la Administración en la que presten sus servicios, y con sus superiores, compañeros, subordinados y con los ciudadanos.

10. a) El interés común.

11. a) Aprobar la oferta de empleo público.

12. d) Personal especializado.

13. a) Profesionalización de la carrera administrativa.

14. d) 12.

15. c) La Comisión Regional de la Función Pública.

16. a) No se considerará mérito especial para el acceso a la condición de funcionario ni para la promoción interna.

17. b) El Derecho Administrativo.

18. d) Desempeño de servicios profesionales retribuidos de carácter permanente.

19. c) Urgencia.

20. b) Está limitado por un máximo establecido por la Junta de Castilla y León.

21. d) Este personal solo realiza funciones expresamente calificadas como de confianza o asesoramiento especial.

22. c) Cuando se produzca el cese de la autoridad a la que se preste la función de confianza o asesoramiento.

23. b) La Junta de Castilla y León.

TEST N.º 4

Prevención de riesgos laborales

1. ¿Qué se entiende por "riesgo laboral"?

a) La posibilidad de que un trabajador sufra un determinado daño derivado del trabajo.
b) La posibilidad de que un trabajador sufra una enfermedad en el trabajo.
c) La posibilidad de que un trabajador sufra acoso.
d) El riesgo que supone el ir a trabajar.

2. ¿Quién debe garantizar a los trabajadores la vigilancia periódica de su estado de salud en función de los riesgos inherentes al trabajo?

a) La Inspección de Trabajo.
b) El propio trabajador.
c) El empresario.
d) Las secciones sindicales.

3. El derecho básico reconocido a los trabajadores por la Ley 31/1995, de 8 de noviembre, es:

a) La vigilancia de su estado de salud.
b) Una protección eficaz en materia de seguridad y salud en el trabajo.
c) La formación en materia preventiva.
d) La información, consulta y participación.

4. Entre los principios de la acción preventiva recogidos por el artículo 15 de la Ley de Prevención de Riesgos Laborales, no figura:

a) Evitar los riesgos.
b) Evaluar los riesgos que se puedan evitar.
c) Tener en cuenta la evolución de la técnica.
d) Dar las debidas instrucciones a los trabajadores.

5. Según establece el art. 4 de la Ley 31/1995, de 8 de noviembre, de Prevención de Riesgos Laborales, se define como daños derivados del trabajo:

a) La posibilidad de que un trabajador sufra un determinado daño derivado del trabajo.

b) El que resulte probable racionalmente que se materialice en un futuro inmediato y pueda suponer y pueda suponer un daño grave para la salud de los trabajadores.

c) Las enfermedades, patologías o lesiones sufridas con motivo u ocasión del trabajo.

d) Cualquier máquina, aparato, instrumento o instalación utilizada en el trabajo.

6. El Plan de Prevención de Riesgos Laborales se considera como obligación empresarial. Señala la respuesta correcta:

a) Cuando se trata de empresas cuya actividad esté comprendida en el anexo I del R.D. 39/1997 de 27 de enero.

b) Si se decide por la Inspección de Trabajo y Seguridad social.

c) Para todas las empresas, independientemente del resultado del análisis de los riesgos.

d) Siempre que lo demande la evaluación inicial de los riesgos.

7. Los instrumentos esenciales para la gestión y aplicación del Plan de prevención de riesgos laborales son:

a) La evaluación de riesgos y la planificación de la actividad preventiva.

b) La evaluación inicial de riesgos y la formación.

c) La planificación y la gestión de la actividad preventiva.

d) La identificación y la evaluación de los riesgos.

8. La prevención de riesgos laborales deberá integrarse en el sistema general de gestión de la empresa a través de:

a) La política preventiva.

b) El plan de prevención.

c) El consenso de las partes.

d) El poder de decisión del empresario.

9. El objeto y carácter de la norma de la Ley 31/1995 de Prevención de Riesgos Laborales dice:

a) La presente Ley tiene por objeto promover la salud de los trabajadores mediante la aplicación de medidas y el desarrollo de las actividades necesarias para la prevención de riesgos derivados del trabajo.

b) La presente Ley tiene por objeto promover la seguridad y la salud de los trabajadores mediante la aplicación de medidas y el desarrollo de las actividades necesarias para la prevención de riesgos derivados del trabajo.

c) La presente Ley tiene por objeto promover la seguridad de los trabajadores mediante la aplicación de medidas y el desarrollo de las actividades necesarias para la prevención de riesgos derivados del trabajo.

d) La presente Ley tiene por objeto promover la seguridad, la salud de los trabajadores y la negociación entre empresa y delegados de prevención, mediante la aplicación de medidas y el desarrollo de las actividades necesarias para la prevención de riesgos derivados del trabajo.

10. La acción preventiva en la empresa:

a) Se planificará por el Comité de Seguridad y Salud a partir de una evaluación inicial de riesgos.

b) Se planificará por los Delegados de Prevención a partir de una evaluación inicial de riesgos.

c) Se planificará por el empresario a partir de una evaluación inicial de riesgos.

d) Se planificará por los Delegados de Personal a partir de una evaluación inicial de riesgos.

11. ¿Cuándo se deben utilizar los equipos de protección individual?

a) Siempre.

b) Cuando los riesgos no hayan sido evaluados.

c) Cuando los riesgos no se puedan evitar o no puedan limitarse.

d) Cuando el trabajador lo estime oportuno.

12. La Ley de Prevención de Riesgos Laborales, tiene por objeto:

a) Prevenir los accidentes en general.

b) Evitar riesgos en el recorrido al puesto de trabajo.

c) Promover la seguridad y la salud de los trabajadores.

d) Que cada vez haya menos accidentes de tráfico.

13. ¿Quién debe proporcionar al trabajador los equipos individuales de protección adecuados para el desempeño de sus funciones?

a) La Comunidad Autónoma.

b) El empresario.

c) Los Ayuntamientos.

d) El Instituto Nacional de Seguridad y Salud en el Trabajo.

14. Las actividades o medidas que adoptan las empresas en todas sus fases de actividad y tendentes a disminuir o evitar los riesgos derivados del trabajo, se denomina por la Ley 31/1995:

a) Cuidados.

b) Protección.

c) Previsión.

d) Prevención.

15. Se considera como "condición de trabajo":

a) Cualquier característica del trabajo que pueda tener una influencia significativa en la generación de riesgos para la seguridad y la salud del trabajador, quedando excluidas las características generales de los locales e instalaciones, existentes en el centro de trabajo.

b) La naturaleza de los agentes físicos, químicos y biológicos presentes en el ambiente de trabajo y sus correspondientes intensidades, concentraciones o niveles de presencia además de las instalaciones, incluidas las características organizativas del trabajo.

c) Todas aquellas características del trabajo, excluidas las relativas a su organización y ordenación, que influyan en la magnitud de los riesgos a que esté expuesto el trabajador.

d) Todas son correctas.

16. ¿Cuál de los siguientes principios generales de la acción preventiva a aplicar en el trabajo, contenidos en la Ley de Prevención de Riesgos Laborales, es incorrecto?

a) Evaluar los riesgos que no se pueden evitar.

b) Priorizar medidas individuales a las colectivas.

c) Combatir los riesgos en su origen.

d) Tener en cuenta la evolución de la técnica.

17. El proceso dirigido a estimar la magnitud de aquellos riesgos que no hayan podido evitarse, obteniendo la información necesaria para que el empresario esté en condiciones de tomar una decisión apropiada sobre la necesidad de adoptar medidas preventivas y, en tal caso, sobre el tipo de medidas que deben adoptarse, se llama:

a) Adaptación del puesto de trabajo.

b) Evaluación de los riesgos laborales.

c) Plan de prevención de riesgos laborales.

d) Señalización de seguridad y salud en el trabajo.

18. En el marco de sus responsabilidades, el empresario realizará la prevención de los riesgos laborales mediante la integración en la empresa de:

a) Los equipos de protección individual.

b) Los servicios de prevención propios.

c) La actividad preventiva.

d) La normativa comunitaria.

19. El Plan de prevención de riesgos laborales debe ser aprobado por:

a) La dirección de la empresa.

b) La autoridad sanitaria.

c) Los representantes de los trabajadores.

d) Todos los trabajadores.

20. Es un instrumento esencial para la gestión y aplicación del Plan de prevención de riesgos laborales:

a) La jerarquización de la estructura preventiva.
b) La elección de los equipos de trabajo.
c) La evaluación de riesgos.
d) La vigilancia de la salud.

21. De acuerdo con lo establecido en la normativa reguladora de la prevención de riesgos laborales, ¿cuál de los siguientes NO es un principio de la acción preventiva?

a) Evaluar los riesgos que no se puedan evitar.
b) Adoptar medidas que antepongan la protección individual a la colectiva.
c) Evitar los riesgos como primera medida.
d) Combatir los riesgos en su origen.

22. Toda lesión corporal que el trabajador sufra con ocasión del trabajo que ejerza por cuenta ajena:

a) Es un riesgo laboral.
b) Es un accidente.
c) Es una enfermedad profesional.
d) Es una simple circunstancia.

23. Señala la respuesta incorrecta:

a) La Ley de Prevención de Riesgos Laborales se aplica a los operativos de Seguridad civil en casos de catástrofe.
b) La Ley de Prevención de Riesgos Laborales se aplica a las sociedades cooperativas.
c) La Ley de Prevención de Riesgos Laborales no se aplica a la relación laboral de carácter especial del hogar familiar.
d) La Ley de Prevención de Riesgos Laborales no se aplica en ningún caso en los establecimientos penitenciarios.

24. Según el artículo 5 de la Ley 31/1995, la política en materia de prevención tendrá por objeto la .... de la mejora de las condiciones de trabajo dirigida a elevar el nivel de protección de la seguridad y la salud de los trabajadores en el trabajo. Señalar la palabra que falta:

a) Revisión.
b) Normalización.
c) Regulación.
d) Promoción.

25. Según la Ley de Prevención de Riesgos Laborales, es obligación de los trabajadores en materia de prevención de riesgos:

a) La protección eficaz en materia de seguridad y salud en el trabajo.

b) Utilizar correctamente los medios y equipos de protección facilitados por el empresario, de acuerdo con las instrucciones recibidas de éste.

c) Soportar el coste de las medidas relativas a la seguridad y la salud en el trabajo.

d) Desarrollar una acción permanente de seguimiento de la actividad preventiva.

26. El manejo y el levantamiento de cargas es una de las principales causas de lumbalgia, señale las medidas correctas para prevenir riesgos en esta actividad:

a) No flexionar las rodillas y mantener la espalda recta y alineada.

b) Acercar al máximo el objeto al centro del cuerpo y levantar el peso de forma gradual, suavemente y sin sacudidas.

c) Girar el tronco mientras se está levantando la carga y nunca pivotar sobre los pies.

d) Todas las respuestas son correctas.

27. Si hablamos de manipulación manual de cargas, el calzado que deberá utilizarse debe ser:

a) Antideslizante.

b) Con protección adecuada el pie contra la caída de objetos.

c) Estable y no provocar caídas.

d) Todas las respuestas son correctas.

28. ¿Qué se entiende por carga?

a) Cualquier objeto susceptible de ser movido.

b) Transporte de animales.

c) Traslado de personas (enfermos) en un hospital.

d) Todo lo anterior es cierto.

29. ¿Qué recomendación o conducta a seguir ante un accidente laboral con exposición a sangre y fluidos corporales contaminados es falsa?

a) Se debe limpiar la herida inmediatamente después del accidente.

b) Se debe determinar el estado inmunológico del sujeto accidentado frente a los virus: VHB, VHC y VIH.

c) Se debe comunicar todo accidente de forma inmediata al responsable de la planta de hospitalización (supervisor) y al Servicio de Medicina Preventiva del hospital.

d) Todas las anteriores son correctas.

30. ¿Qué zona corporal es la más dañada por la manipulación de cargas?

a) Espalda (zona dorso-lumbar).

b) Tórax.

c) Espalda (zona cervical).
d) Extremidades inferiores.

31. ¿Cuándo los objetos se consideran carga en relación con su peso? Aquellos que sobrepasen más de:

a) 1 kg.
b) 3 kg.
c) 25 kg.
d) 40 kg.

32. ¿Qué carga no se recomienda que manejen mujeres, trabajadores jóvenes o aquellos de edad avanzada? Cargas superiores a:

a) 5 kg.
b) 15 kg.
c) 25 kg.
d) 35 kg.

33. Indica la respuesta correcta: se consideran riesgos ergonómicos:

a) Los que derivan de la falta de motivación.
b) Los asociados a tareas que implican esfuerzo físico excesivo.
c) Los riesgos higiénicos fundamentalmente.
d) Todas son correctas.

34. Los equipos de protección individual están destinados:

a) Al uso personal.
b) A la comunidad.
c) A un equipo de trabajo.
d) A quien lo necesite.

35. Eliminar la suciedad, papeles, derrames, grasas, desperdicios y obstáculos contra los que se pueda tropezar y retirar los objetos innecesarios y utensilios que no se estén utilizando, es una medida preventiva para evitar:

a) Caídas al mismo nivel.
b) Cortes y heridas.
c) Incendios.
d) Todas con correctas.

36. Señala cual de las siguientes opciones no es una medida preventiva, frente a quemaduras por el contacto con objetos o gases calientes:

a) Comprar máquinas y utensilios seguros que tengan el marcado CE.
b) No llenar los recipientes hasta arriba.

c) Comprobar el termostato de la freidora antes de la introducción de alimentos.
d) Todas son correctas.

37. No es un factor de riesgo de incendio y explosión:

a) Sólidos inflamables (papel, trapos, cajas).
b) Sustancias cáusticas y corrosivas.
c) Líquidos inflamables (disolventes, alcoholes).
d) Presencia de focos de ignición.

38. Cuando se deban utilizar escaleras de mano, para fines de acceso, deberán tener la longitud necesaria para:

a) Sobresalir como mínimo un 2 % de la longitud total de la escalera.
b) No sobresalir del plano de trabajo al que se accede.
c) Alcanzar como mínimo, en sus extremos, el plano de trabajo a que se accede.
d) Sobresalir al menos 1 metro del plano de trabajo al que se accede.

39. En trabajos temporales en altura, los equipos de trabajo, con excepción de las escaleras de mano y sistema de cuerdas, deberán disponer de sistemas de protección colectiva cuando exista un riesgo de caída:

a) De una altura de más de 2 metros.
b) De una altura de más de 5 metros.
c) De una altura de más de 6.5 metros.
d) De una altura de más de 3 metros.

40. Las escaleras de mano simples se colocarán:

a) En la medida de lo posible, formando un ángulo aproximado de 15 grados con la horizontal.
b) En la medida de lo posible, formando un ángulo aproximado de 25 grados con la horizontal.
c) En la medida de lo posible, formando un ángulo aproximado de 35 grados con la horizontal.
d) En la medida de lo posible, formando un ángulo aproximado de 75 grados con la horizontal.

Solución al test n.º 4

1. a) La posibilidad de que un trabajador sufra un determinado daño derivado del trabajo.

2. c) El empresario.

3. b) Una protección eficaz en materia de seguridad y salud en el trabajo.

4. b) Evaluar los riesgos que se puedan evitar.

5. c) Las enfermedades, patologías o lesiones sufridas con motivo u ocasión del trabajo.

6. c) Para todas las empresas, independientemente del resultado del análisis de los riesgos.

7. a) La evaluación de riesgos y la planificación de la actividad preventiva.

8. b) El plan de prevención.

9. b) La presente Ley tiene por objeto promover la seguridad y la salud de los trabajadores mediante la aplicación de medidas y el desarrollo de las actividades necesarias para la prevención de riesgos derivados del trabajo.

10. c) Se planificará por el empresario a partir de una evaluación inicial de riesgos.

11. c) Cuando los riesgos no se puedan evitar o no puedan limitarse.

12. c) Promover la seguridad y la salud de los trabajadores.

13. b) El empresario.

14. d) Prevención.

15. b) La naturaleza de los agentes físicos, químicos y biológicos presentes en el ambiente de trabajo y sus correspondientes intensidades, concentraciones o niveles de presencia además de las instalaciones, incluidas las características organizativas del trabajo.

16. b) Priorizar medidas individuales a las colectivas.

17. b) Evaluación de los riesgos laborales.

18. c) La actividad preventiva.

19. a) La dirección de la empresa.

20. c) La evaluación de riesgos.

21. b) Adoptar medidas que antepongan la protección individual a la colectiva.

22. b) Es un accidente.

23. a) La Ley de Prevención de Riesgos Laborales se aplica a los operativos de Seguridad civil en casos de catástrofe.

24. d) Promoción.

25. b) Utilizar correctamente los medios y equipos de protección facilitados por el empresario, de acuerdo con las instrucciones recibidas de éste.

26. b) Acercar al máximo el objeto al centro del cuerpo y levantar el peso de forma gradual, suavemente y sin sacudidas.

27. d) Todas las respuestas son correctas.

28. d) Todo lo anterior es cierto.

29. d) Todas las anteriores son correctas.

30. a) Espalda (zona dorso-lumbar).

31. b) 3 kg.

32. b) 15 kg.

33. b) Los asociados a tareas que implican esfuerzo físico excesivo.

34. a) Al uso personal.

35. a) Caídas al mismo nivel.

36. d) Todas son correctas.

37. b) Sustancias cáusticas y corrosivas.

38. d) Sobresalir al menos 1 metro del plano de trabajo al que se accede.

39. a) De una altura de más de 2 metros.

40. d) En la medida de lo posible, formando un ángulo aproximado de 75 grados con la horizontal.

TEST
PARTE ESPECÍFICA

TEST N.º 1

Organización y control del servicio de limpieza en centros públicos y administrativos. Conceptos generales de limpieza. Funciones del personal de limpieza

1. Señala cuál de las siguientes no es una norma general de limpieza:

a) Los detergentes o desinfectantes utilizados, se adecuaran siempre al objeto especifico de las tareas a realizar, y se ajustaran siempre a la norma establecida en función del objeto para lo que están destinados.

b) El carro siempre estará a la vista del trabajador, dependiendo siempre de este su custodia.

c) Primero se barrerá y posteriormente se utilizará el cepillo cubierto con paño para quitar el polvo antes de fregar.

d) Se emplearan materiales diferentes según sea el local a limpiar.

2. Las bayetas serán de distinto color según su utilización. Según el código utilizado por la OMS, ¿qué color corresponde a los aseos y baños?

a) Verde.
b) Azul.
c) Negro.
d) Rojo.

3. Las bayetas serán de distinto color según su utilización. Según el código utilizado por la OMS, ¿qué color corresponde a las cocinas, comedores y áreas donde se manipulen alimentos?

a) Verde.
b) Azul.
c) Negro.
d) Rojo.

4. ¿Cuánto tiempo puede permanecer en el aire el llamado micropolvo, sometido a una ligera corriente, ya que no se deposita en ningún sitio?

a) Hasta siete horas.
b) Hasta seis horas.

c) Hasta tres horas.
d) Hasta dos horas.

5. El origen del polvo puede ser:

a) Mineral.
b) Vegetal.
c) Químico.
d) Todas las respuestas son correctas.

6. ¿Cuál de los siguientes no es un equipo de protección individual?

a) Carcasa de protección de motores o piezas en continuo movimiento.
b) Cascos y tapones para los oídos.
c) Cremas barrera.
d) Equipos anticaídas.

7. ¿Cómo podemos eliminar la suciedad grasa, que es aquella provocada por aceites, grasas, etc.?

a) Mediante sustancias químicas (detergentes alcalinos) o mecánicamente con el empleo de fregadoras y detergentes solventes.
b) Mediante un fregado con mopa y detergente ligeramente alcalino.
c) Mediante un barrido húmedo y la aspiración con filtro absoluto.
d) Mediante un fregado con mopa y detergente neutro.

8. ¿Cómo se denomina la serie de procedimientos o actuaciones dirigidas a impedir la llegada de los microorganismos patógenos a un medio aséptico (libre de microorganismos patógenos)?

a) Antisepsia.
b) Esterilización.
c) Asepsia.
d) Desinfección.

9. La capacidad de romper una suciedad compacta y reducirla a finas partículas, se denomina:

a) Dispersión.
b) Poder humectante.
c) Asepsia.
d) Suspensión.

10. ¿Qué nombre reciben los complementarios de un detergente o de un limpiador, que aportan propiedades particulares a las de los componentes fundamentales en la acción específica de la limpieza?

a) Aditivos.
b) Cargas.
c) Reforzantes.
d) Coadyuvantes.

11. ¿Cómo se denomina la superficie o lugar donde se eliminan fluidos corporales, que sirve de depósito y lugar para lavar y descontaminar elementos utilizados con los pacientes?

a) Área aséptica.
b) Área negra.
c) Área sucia.
d) Área de infección.

12. ¿Qué Real Decreto establece las disposiciones mínimas de seguridad y salud relativas a la utilización por los trabajadores de equipos de protección individual?

a) El Real Decreto 134/1990, de 1 de junio.
b) El Real Decreto 773/1997, de 30 de mayo.
c) El Real Decreto 223/1995, de 23 de abril.
d) El Real Decreto 856/1999, de 12 de mayo.

13. ¿Qué porcentaje del polvo está producido por las chimeneas de fábricas?

a) El 60 %.
b) El 50 %.
c) El 30 %.
d) El 20 %.

14. El tiempo que un EPI debe ser utilizado se determinará en función de:

a) Las condiciones del puesto de trabajo.
b) El tiempo o frecuencia de exposición al riesgo.
c) La gravedad del riesgo.
d) Todas las respuestas son correctas.

15. ¿Qué nombre reciben los agentes que causan la infección en los tejidos vivos?

a) Bacterias.
b) Patógenos.
c) Virus.
d) Gérmenes.

16. ¿Cómo se denomina la superficie o lugar donde se trabaja con elementos limpios o estériles?

a) Área verde.
b) Área limpia.
c) Área libre de infección.
d) Área azul.

17. Las infecciones se clasifican según su origen en:

a) Comunitarias o extrahospitalarias y nosocomiales o intrahospitalarias.
b) Internas y externas.
c) Urbanas y extraurbanas.
d) Sanitarias y no sanitarias.

18. Las infecciones se clasifican según su causa en:

a) Víricas y no víricas.
b) Inmunológicas y no inmunológicas.
c) Infecciosas y no infecciosas.
d) Bacterianas y no bacterianas.

19. ¿Cómo se llama la capacidad de emulsionar la suciedad para que no se vuelva a formar adhiriéndose de nuevo a la superficie a limpiar?

a) Dispersión.
b) Poder humectante.
c) Suspensión.
d) Asepsia.

20. ¿Cómo se denomina el proceso capaz de eliminar prácticamente todos los microorganismos patógenos conocidos, pero no todas las formas de vida bacterianas (endosporas), sobre objetos inanimados?

a) Desinfección.
b) Antisepsia.
c) Esterilización.
d) Detergencia.

21. ¿Cómo se llaman los componentes complementarios que mejoran ciertas propiedades características de los componentes fundamentales?

a) Coadyuvantes.
b) Reforzantes.
c) Aditivos.
d) Cargas.

22. Señala la respuesta incorrecta:

a) La desinfección de las superficies es la eliminación de los microorganismos patógenos, o su reducción hasta niveles que no conlleven riesgo para la salud.

b) Las paredes se limpiarán desde arriba hacia abajo, para eliminar por arrastre la suciedad y los microorganismos que pudiera haber.

c) La limpieza de las paredes se hará de forma horizontal, empezando por la parte más alta y luego descendiendo.

d) La limpieza de paredes y techos se realizará periódicamente y se utilizará detergente desengrasante.

23. La sustancia química de aplicación tópica sobre los tejidos vivos (piel intacta, mucosas, heridas, etc.), que destruye o inhibe los microorganismos sin afectar sensiblemente a los tejidos sobre los que se aplica, se denomina:

a) Detergente.
b) Antiséptico.
c) Esterilizador.
d) Desinfectante.

24. Los objetos inanimados que contienen partículas contaminadas y que se sitúan en el entorno del paciente, se denominan:

a) Bacterias.
b) Fómites.
c) Agentes patógenos.
d) Virus.

25. ¿Qué haremos para eliminar la suciedad no grasa, es decir, la que se adhiere tanto a las superficies horizontales como verticales y contiene poca o ninguna materia grasa?

a) Un barrido húmedo y la aspiración con filtro absoluto.
b) Un fregado con mopa y detergente neutro.
c) Un fregado con mopa y detergente neutro o ligeramente alcalino.
d) Utilizar sustancias químicas (detergentes alcalinos) o mecánicamente con el empleo de fregadoras y detergentes solventes.

26. Las bayetas serán de distinto color según su utilización. Según el código utilizado por la OMS, ¿qué color corresponde a las áreas generales?

a) Verde.
b) Azul.
c) Amarillo.
d) Rojo.

27. Señala la respuesta incorrecta:

a) El personal de limpieza realizara su trabajo con guantes de protección, que pueden ser material fungible, o se pueden limpiar dependiendo del material.

b) Colocaremos en el carro antes de empezar la tarea, todo el material que necesitemos, incluidas las bolsas de basura.

c) El agua no se utiliza sola.

d) La limpieza la realizaremos siempre de las zonas más sucias a las más limpias.

28. Los cuartos de almacenamiento se mantendrán siempre limpios y al menos se efectuará su limpieza:

a) Una vez al mes.

b) Semanalmente.

c) Cada dos o tres días.

d) Una vez por turno.

29. Señala la respuesta incorrecta respecto a la limpieza:

a) Las bolsas de basura se cerraran previamente antes de ser retiradas.

b) Las soluciones se preparan con suficiente antelación a su utilización, para que sean estables y evitar alteraciones.

c) Cuando se deba cambiar de tarea o se tenga tiempo de descanso, el carro se llevara al almacén, nunca se dejara sin custodia.

d) Después de utilizar el material se llevara a cabo el proceso necesario que lleve a cabo la desinfección del mismo.

30. ¿Qué porcentaje del polvo está producido por los automóviles?

a) El 60 %.

b) El 50 %.

c) El 30 %.

d) El 20 %.

31. Las manos deberán lavarse:

a) Antes de utilizar el W.C.

b) Antes de cambiarse de ropa y de empezar a trabajar.

c) Antes y después de comer.

d) Al finalizar la jornada.

32. Indica uno de los objetivos que debe perseguir la limpieza:

a) Respetar la estética.

b) Contribuir a la seguridad, evitando los accidentes y la transmisión de enfermedades.

c) Mantener las condiciones higiénicas en los centros de trabajo.
d) Todas las respuestas son correctas.

33. Señala cuál de las siguientes no es una de las características de las superficies ideales para su buena limpieza:

a) Han de ser porosas.
b) Deben ser lavables.
c) Han de ser resistentes.
d) Han de ser lisas.

34. Para llegar a la limpieza perfecta y de forma eficaz debemos tener en cuenta los 4 elementos que se combinan entre sí y que conforman el Círculo de:

a) Holter.
b) Mersson.
c) Sroeder.
d) Sinner.

35. ¿Cómo se denomina al conjunto de acciones emprendidas con el fin de eliminar los microorganismos patógenos presentes en un medio, o inhibir su proliferación?

a) Desinfección.
b) Antisepsia.
c) Esterilización.
d) Asepsia.

36. ¿Qué nombre reciben los productos utilizados para lograr el tipo de presentación y concentración deseadas de un detergente o un limpiador?

a) Cargas.
b) Coadyuvantes.
c) Aditivos.
d) Reforzantes.

37. Señala la respuesta incorrecta:

a) La infección es la invasión y multiplicación de microorganismos en los tejidos vivos.
b) La flora residente es la colonización normal de microorganismos que viven en la superficie corporal (piel), así como en las cavidades y órganos huecos y es fácil de eliminar.
c) La flora transitoria son los microorganismos que se adquieren durante las actividades normales de la vida cotidiana.
d) El poder humectante técnicamente es la capacidad de romper la tensión superficial del agua para que reduzca la tensión de contacto y penetre mejor.

38. ¿Con qué frecuencia se realizará la limpieza de cubos de basura y sus correspondientes carros de transporte?

a) Diariamente.
b) Cada dos días.
c) Semanalmente.
d) Mensualmente.

39. Señala la respuesta incorrecta respecto a la vestimenta y aseo personal del personal de limpieza:

a) El uniforme deberá estar siempre limpio, planchado y sin roturas.
b) El aseo personal diario será condición indispensable para la continuidad en el puesto de trabajo.
c) El pelo deberá llevarse limpio, y si se tiene largo, se llevará suelto.
d) El personal de limpieza deberá ajustarse a la Normativa de uniformidad que designe la Empresa para la que trabaja.

40. ¿Qué nombre reciben los componentes complementarios de un detergente o de un limpiador que aportan propiedades adicionales a la acción específica de la limpieza?

a) Reforzantes.
b) Cargas.
c) Coadyuvantes.
d) Aditivos.

41. La transmisión de microorganismos patógenos de paciente a paciente o de objetos contaminados a pacientes con la participación de los miembros del equipo de salud, se denomina:

a) Transmisión doble.
b) Transmisión cruzada.
c) Transmisión mixta.
d) Transmisión dúplex.

42. Señala una de las ventajas del sistema de limpieza por tareas:

a) Eliminación de contactos entre el personal durante las horas de trabajo.
b) Posibilidad de controlar y confrontar en cualquier momento el rendimiento y el resultado obtenido.
c) La adquisición de máquinas, equipos y materiales se limitará al mínimo indispensable.
d) Posibilidad de señalar inmediatamente y con seguridad la causa de un resultado negativo.

43. Señala cuál de las siguientes es una mancha especial, entendiendo por tales aquellas producidas por elementos o sustancias que requieren productos también especiales para su eliminación:

a) Las manchas de pintura.
b) El cemento.
c) Las manchas negras producidas por la anilina.
d) Todas las respuestas son correctas.

44. ¿Cómo se define el proceso mediante el cual se destruyen todos los microorganismos viables presentes en un objeto o superficie incluidas las esporas bacterianas?

a) Desinfección.
b) Antisepsia.
c) Esterilización.
d) Asepsia.

45. Con carácter general, el polvo de origen químico está producido, en su mayoría por:

a) Los automóviles.
b) Los humos de calefacción doméstica.
c) Las chimeneas de fábricas.
d) Los medios de transporte.

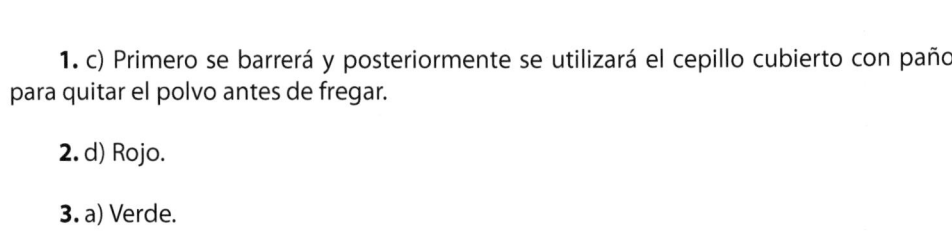

Solución al test n.º 1

1. c) Primero se barrerá y posteriormente se utilizará el cepillo cubierto con paño para quitar el polvo antes de fregar.

2. d) Rojo.

3. a) Verde.

4. a) Hasta siete horas.

5. d) Todas las respuestas son correctas.

6. a) Carcasa de protección de motores o piezas en continuo movimiento.

7. a) Mediante sustancias químicas (detergentes alcalinos) o mecánicamente con el empleo de fregadoras y detergentes solventes.

8. c) Asepsia.

9. a) Dispersión.

10. d) Coadyuvantes.

11. c) Área sucia.

12. b) El Real Decreto 773/1997, de 30 de mayo.

13. d) El 20 %.

14. d) Todas las respuestas son correctas.

15. b) Patógenos.

16. b) Área limpia.

17. a) Comunitarias o extrahospitalarias y nosocomiales o intrahospitalarias.

18. d) Bacterianas y no bacterianas.

19. c) Suspensión.

20. a) Desinfección.

21. b) Reforzantes.

22. d) La limpieza de paredes y techos se realizará periódicamente y se utilizará detergente desengrasante.

23. b) Antiséptico.

24. b) Fómites.

25. c) Un fregado con mopa y detergente neutro o ligeramente alcalino.

26. b) Azul.

27. d) La limpieza la realizaremos siempre de las zonas más sucias a las más limpias.

28. d) Una vez por turno.

29. b) Las soluciones se preparan con suficiente antelación a su utilización, para que sean estables y evitar alteraciones.

30. d) El 20 %.

31. d) Al finalizar la jornada.

32. d) Todas las respuestas son correctas.

33. a) Han de ser porosas.

34. d) Sinner.

35. b) Antisepsia.

36. a) Cargas.

37. b) La flora residente es la colonización normal de microorganismos que viven en la superficie corporal (piel), así como en las cavidades y órganos huecos y es fácil de eliminar.

38. a) Diariamente.

39. c) El pelo deberá llevarse limpio, y si se tiene largo, se llevará suelto.

40. d) Aditivos.

41. b) Transmisión cruzada.

42. c) La adquisición de máquinas, equipos y materiales se limitará al mínimo indispensable.

43. d) Todas las respuestas son correctas.

44. c) Esterilización.

45. b) Los humos de calefacción doméstica.

Productos de limpieza: tipos de productos, aplicación, composición y propiedades. Etiquetado, manipulación, trasvase y almacenamiento

1. ¿Cuál es el desinfectante de alto nivel para equipo médico como endoscopios, tubos de espirómetro, dializadores, transductores, equipos de terapia respiratoria y de anestesia?

a) La lejía.
b) El formaldehído.
c) El glioxal.
d) El glutaraldehído.

2. ¿Qué tipo de detergentes compatibles con la lejía, tienen gran poder emulsionante y una capacidad antiséptica baja ya que no produce selección de gérmenes?

a) Los detergentes no iónicos.
b) Los detergentes anfóteros.
c) Los detergentes aniónicos.
d) Los detergentes catiónicos.

3. ¿Qué tipo de detergentes actúan como catiónicos o aniónicos dependiendo del medio en el que se encuentren, son compatibles con el resto de tensioactivos, con la piel y mucosas y tienen baja sensibilidad a las aguas duras?

a) Los detergentes no iónicos.
b) Los detergentes anfóteros.
c) Los detergentes aniónicos.
d) Los detergentes catiónicos.

4. Señala la respuesta incorrecta respecto a los detergentes alcalinos o básicos:

a) Son productos de gran eficacia, pero de elevado poder corrosivo.
b) Son productos de gran eficacia en los procesos de limpieza de la suciedad en general.
c) Son los más indicados para manchas proteicas y también para manchas de grasa.
d) Son aquellos cuyo pH supera el valor de 9.

5. Los detergentes neutros son aquellos cuyo nivel de pH:

a) Es de 5.
b) Es inferior a 5.
c) Supera el valor de 9.
d) Está comprendido entre 6 y 8.

6. Señala una de las características del desinfectante ideal:

a) Estable, tanto en la forma concentrada como en la diluida del producto.
b) Solubilidad en agua.
c) Amplio espectro (bactericida, virucida, fungicida y esporicida).
d) Todas las respuestas son correctas.

7. ¿Cómo se denomina el compuesto que reduce pero no necesariamente elimina los microorganismos desde el medioambiente inanimado y suele ser utilizado generalmente en contacto con los alimentos?

a) Desinfectante de hospital.
b) Detergente desinfectante.
c) Sanitizante.
d) Desinfectante general o de amplio espectro.

8. Señala la respuesta incorrecta respecto a la lejía:

a) Su contenido en cloro activo no será inferior a 35 g/l, ni superior a 100 g/l.
b) Es estable aunque tiene poco efecto remanente y se inactiva muy fácilmente en presencia de materia orgánica.
c) Es el derivado clorado más utilizado, pues tiene un amplio espectro antibacteriano.
d) Es de acción rápida y a la vez económica.

9. ¿Cuál es la dilución de uso de la lejía para zonas de alto riesgo?

a) 1:50 (9,8 litros de agua y 200 ml de lejía).
b) 1:10 (9 litros de agua y 1 de lejía).
c) 2:10 (8 litros de agua y 2 de lejía).
d) 5:10 (5 litros de agua y 5 de lejía).

10. Señala la respuesta incorrecta respecto a los fenoles:

a) Se utilizan en la desinfección de objetos inanimados, superficies y ambiente a la concentración del 1 al 5 %.
b) Son poco solubles en agua, pero unidos a jabones y lejías se obtienen emulsiones densas y estables.
c) De acción rápida en 10 o 15 minutos.
d) Son activos frente a hongos y bacterias Gram (+) y menos frente a las Gram (-).

11. ¿Cuál es la concentración óptima del alcohol?

a) 90 %.
b) 75 %.
c) 70 %.
d) 50 %.

12. Señala la respuesta correcta respecto al alcohol:

a) El alcohol etílico es un buen desinfectante de superficies, de acción lenta y alta potencia.
b) Su actividad depende de la concentración, situándose su máxima actividad entre 40 y 60º.
c) Los alcoholes se inactivan en presencia de materia orgánica.
d) Tiene un tiempo de acción mínimo de 5 minutos.

13. Respecto a los desinfectantes basados en oxígeno activo debemos saber que:

a) Puede utilizarse sobre acero inoxidable de baja calidad ya que no es oxidante.
b) Es recomendable para la limpieza y desinfección de todo tipo de superficies.
c) No se recomienda para incubadoras, utillaje y aparatos.
d) Solo actúan en superficies limpias.

14. Señala la respuesta incorrecta:

a) Los limpiametales se aplican sobre aquellos metales que no puedan limpiarse con solución de detergente neutro.
b) Los limpiacristales se pulverizan, se dejan secar y posteriormente se retiran con bayeta seca.
c) Los limpiamuebles pueden ser sustituidos por una bayeta humedecida en solución de detergente neutro.
d) Los limpiamuebles se deben aplicar en la bayeta inmediatamente antes de su uso y, a ser posible, sobre mobiliario no lavable.

15. ¿Qué tipo de detergentes no se disocian en el agua, por lo que carecen de carga y apenas alteran la función barrera cutánea, se emplean para regular la presencia de espuma en los tensioactivos aniónicos y son solubles en agua, funcionando bien en aguas duras?

a) Los detergentes no iónicos.
b) Los detergentes anfóteros.
c) Los detergentes catiónicos.
d) Los detergentes aniónicos.

16. ¿Cómo se denominan los detergentes cuyo nivel de pH es de 5 o inferior, son de gran eficacia, pero de elevado poder corrosivo?

a) Detergentes neutros.
b) Detergentes básicos.
c) Detergentes ácidos.
d) Detergentes alcalinos.

17. ¿Cuál de los siguientes detergentes está destinado a superficies delicadas o en tratamientos de limpieza de gran frecuencia o escasa suciedad, algo determinado por su poca agresividad?

a) Los detergentes neutros.
b) Los detergentes básicos.
c) Los detergentes ácidos.
d) Los detergentes alcalinos.

18. Señala la respuesta incorrecta respecto a los desinfectantes:

a) Son un agente químico que destruye o inhibe el crecimiento de microorganismos patógenos en fase vegetativa o no esporulada.
b) No necesariamente matan todos los organismos, pero los reducen a un nivel que no dañan la salud ni la calidad de los bienes perecederos.
c) Se aplican sobre objetos y materiales inanimados, como instrumentos y superficies, para tratar y prevenir la infección.
d) Tienen consideración de medicamentos los antisépticos para piel sana, incluidos los destinados al campo quirúrgico preoperatorio y los destinados a la desinfección del punto de inyección.

19. Señala la respuesta incorrecta respecto a la lejía:

a) La dilución se preparará días antes de su utilización para mayor eficacia y preferentemente en lugares ventilados.
b) No se mezclará con otros desinfectantes.
c) La dilución se debe hacer con agua fría.
d) Mantendremos el envase bien etiquetado, siempre cerrado y protegido de la luz.

20. ¿Qué materiales corroe la lejía?

a) El hierro.
b) El níquel.
c) El acero cromado.
d) Todas las respuestas son correctas.

21. ¿Cuál es el desinfectante de elección en instrumentos reutilizables para hemodiálisis?

a) La lejía.
b) El formaldehído.

c) El glioxal.
d) El glutaraldehído.

22. ¿Con qué letra se denominan las indicaciones de peligro de las etiquetas de los productos?

a) P.
b) R.
c) H.
d) S.

23. ¿Cómo se denomina el documento elaborado por el fabricante de una sustancia o mezcla química en la que se ofrece abundante información sobre sus riesgos?

a) Ficha de datos de seguridad.
b) Etiqueta.
c) envase.
d) Prospecto.

24. ¿Qué datos contendrá la FDS sobre la manipulación y almacenamiento del producto?

a) Precauciones para una manipulación segura.
b) Condiciones de almacenamiento seguro, incluidas posibles incompatibilidades.
c) Usos específicos finales.
d) Todas las respuestas son correctas.

25. ¿Qué tipo de peligro tienen las sustancias comburentes?

a) Físicos.
b) Químicos.
c) Para la salud.
d) Para el medio ambiente.

26. Cuando una sustancia o mezcla inducen cáncer o aumentan su incidencia, ¿cómo se denomina?

a) Mutagénica.
b) Carcinogénica.
c) Pirogénica.
d) Tóxica.

27. Si en la etiqueta de un producto aparece el siguiente símbolo significa qué es:

a) Peligroso para el medio ambiente.
b) Nocivo.
c) Biodegradable.
d) Tóxico.

28. Los pictogramas de peligro son composiciones gráficas que contienen:

a) Un símbolo rojo sobre un fondo negro, con un marco naranja lo suficientemente ancho para ser claramente visible.

b) Un símbolo blanco sobre un fondo negro, con un marco rojo lo suficientemente ancho para ser claramente visible.

c) Un símbolo rojo sobre un fondo blanco, con un marco naranja lo suficientemente ancho para ser claramente visible.

d) Un símbolo negro sobre un fondo blanco, con un marco rojo lo suficientemente ancho para ser claramente visible.

29. Las indicaciones de peligro, llamadas H, se agrupan en:

a) Peligros para la salud humana.
b) Peligros físicos.
c) Peligros para el medio ambiente.
d) Todas las respuestas son correctas.

30. El documento que elabora el fabricante de una sustancia o mezcla química para informar de sus riesgos se llama:

a) Libro Técnico de Riesgos.
b) Ficha de Datos de Seguridad.
c) Libro de Instrucciones.
d) Nota Técnica de Prevención.

31. Los envases en que se presentan para la venta los productos de limpieza han de cumplir ciertos requisitos. ¿Cuál de los siguientes es falso?

a) Los materiales que constituyen los envases y sus cierres han de ser fácilmente solubles en el contenido para no entrar en reacción con él.

b) Los envases y sus cierres estará diseñados y fabricados de manera que sean estancos, fuertes y sólidos.

c) Los envases de los productos con un sistema de cierre reutilizable dispondrán de un cierre de características y diseños tales que una vez abiertos puedan ser nuevamente cerrados sin perder su carácter estanco.

d) La válvula de los productos envasados en aerosoles deberá permitir el cierre prácticamente hermético del generador de aerosol y estar protegida contra toda abertura involuntaria.

32. El Reglamento CLP establece tres tipos de peligros que pueden representar las sustancias o sus mezclas; señala la incorrecta:

a) Peligros para el medio ambiente.
b) Peligros físicos.
c) Peligros para la salud.
d) Peligros contagiables.

33. Según el Reglamento CLP, ¿en cuántas clases se agrupan los peligros relacionados con las propiedades fisicoquímicas de los productos?

a) En 2 clases.
b) En 6 clases.
c) En 10 clases.
d) En 16 clases.

34. Los líquidos inflamables son aquellos cuyo punto de inflamación no supera:

a) 60 ºC.
b) 80 ºC.
c) 93 ºC.
d) 110 ºC.

35. ¿Cómo se llaman las sustancias que en contacto con otras producen una reacción exotérmica?

a) Pirofóricas.
b) Explosivas.
c) Comburentes.
d) Corrosivas.

36. Las sustancias o mezclas líquidas o sólidas que, aún en pequeñas cantidades, pueden inflamarse al cabo de 5 minutos de entrar en contacto con el aire, se llaman:

a) Sustancias pirofóricas.
b) Sustancias comburentes.
c) Sustancias autorreactivas.
d) Sustancias explosivas.

37. Los peligros para la salud se hallan divididos, según el Reglamento CLP, en:

a) 20 clases y 35 categorías.
b) 2 clases y 5 categorías.
c) 10 clases y 25 categorías.
d) 16 clases y 45 categorías.

38. No se considera toxicidad aguda cuando los efectos adversos se manifiestan:

a) Tras la administración por vía oral de una sola dosis de una sustancia o mezcla.
b) Tras dosis múltiples administradas a lo largo de 24 horas.
c) Como consecuencia de una exposición por inhalación durante 4 horas.
d) Tras la administración por vía cutánea de entre 10 a 20 dosis de una sustancia o mezcla.

39. Se clasifican como irritantes oculares las sustancias que, como consecuencia de su aplicación en la superficie anterior del ojo, producen alteraciones oculares totalmente reversibles en:

a) Las 4 horas siguientes a la aplicación.
b) Las 24 horas siguientes a la aplicación.
c) Los 10 días siguientes a la aplicación.
d) Los 21 días siguientes a la aplicación.

40. En el etiquetado de un producto de limpieza, las palabras que indican el nivel relativo de gravedad de los peligros para alertar al consumidor de la existencia de un peligro potencial, se denominan:

a) Palabras de advertencia.
b) Consejos de prudencia.
c) Pictogramas.
d) Frases R.

41. ¿Cuál de las siguientes es una palabra de advertencia asociada a las categorías menos graves, según el Reglamento CLP?

a) Cuidado.
b) Ojo.
c) Atención.
d) Prudencia.

42. ¿De qué advierte el pictograma de la figura en una etiqueta de un producto de limpieza?

a) Sustancia inflamable.
b) Sustancia comburente.
c) Sustancia corrosiva.
d) Sustancia explosiva.

43. Al utilizar un producto químico con el siguiente pictograma, hay que recordar que se trata de una sustancia:

a) Corrosiva.
b) Dañina para el medio ambiente.
c) Tóxica.
d) Gas bajo presión.

44. Las frases de riesgo, R, de las etiquetas de los productos químicos han sido sustituidos en el nuevo Reglamento CLP por:

a) Las frases H, indicaciones de peligro.
b) Los consejos de prudencia, P.

c) Las palabras de advertencia.
d) Los pictogramas.

45. Las frases EUH en la etiqueta de un producto, contienen:

a) Indicaciones de peligro para la salud humana.
b) Consejos de prudencia.
c) Frases de advertencia.
d) Información suplementaria sobre los peligros.

46. Los nuevos consejos de prudencia en las etiquetas de los productos, equivalen a las anteriores:

a) Indicaciones de peligro.
b) Frases S.
c) Frases R.
d) Palabras de peligro.

47. El etiquetado de aquellos detergentes que resulten clasificados como productos peligrosos:

a) Deberá cumplir el Reglamento sobre clasificación, envasado y etiquetado de preparados peligrosos vigente.
b) Bastará con cumplir sólo el etiquetado de la Reglamentación técnico-sanitaria para la elaboración, circulación y comercio de detergentes y limpiadores.
c) No está sujeta a obligaciones de etiquetado.
d) La etiqueta deberá ser de color naranja.

48. En el caso de que un producto limpiador sea considerado como producto peligroso, actualmente el fabricante debe incluir en su etiquetado un pictograma de peligro que será:

a) Cuadrado y apoyado sobre un lado.
b) Cuadrado y apoyado sobre un vértice.
c) Redondo.
d) Rectangular apoyado sobre el lado mayor.

49. En la tabla de almacenamiento con sus respectivos iconos, el signo "0" entre productos nos indica:

a) Puede almacenarse junto.
b) No debe almacenarse junto.
c) Solamente podrán almacenarse juntos, adoptando ciertas medidas.
d) Debe estar siempre vacío.

50. ¿Qué es falso del almacenamiento de los productos de limpieza?

a) Se debe utilizar en las zonas bajas de las estanterías los productos más voluminosos y los más utilizados.
b) Almacenar las sustancias peligrosas debidamente separadas.
c) A mayor producto almacenado, menor riesgo.
d) Almacenar las sustancias peligrosas agrupadas por el tipo de riesgo que pueden generar y respetando las incompatibilidades que existen entre ellas

51. Los productos de limpieza pueden:

a) Provocar incendios o explosiones.
b) Emitir gases peligrosos.
c) Son ciertas las respuestas a) y b).
d) Generalmente son inocuos, y no debe existir precauciones en su almacenamiento.

52. ¿Qué cantidades de productos químicos de limpieza se guardarán en los lugares de trabajo?

a) Suficientes para un mes de trabajo.
b) Suficientes para una semana de trabajo.
c) Las que sean estrictamente necesarias para el desarrollo de la actividad diaria.
d) No es necesario tener controles estrictos de cantidades de productos químicos de limpieza.

53. ¿Cómo deben almacenarse las sustancias peligrosas empleadas en la limpieza?

a) Separadas y obviando las incompatibilidades que existen entre ellas.
b) Agrupadas por diferentes tipos de riesgo.
c) Obviando las incompatibilidades que existen entre ellas.
d) Separadas, agrupadas por el tipo de riesgo que pueden generar y respetando las incompatibilidades que existen entre ellas.

54. ¿Qué productos de estos pueden estar cerca unos de otros ya que no son reactivos entre sí?

a) La lejía y el salfumán.
b) La lejía y el amoníaco.
c) La lejía, el salfumán, el amoníaco.
d) Todos son reactivos entre sí, y no pueden acercarse unos con otros.

55. Todo lo que se dice de las recomendaciones de almacenaje de productos químicos empleados en limpieza es cierto, excepto:

a) Elegir el recipiente adecuado para guardar cada tipo de sustancia química.
b) Guardar los líquidos peligrosos en recipientes abiertos.

c) Tener en cuenta que el frío y el calor deterioran el plástico, por lo que este tipo de envases que contenga productos químicos de limpieza deben ser revisados con frecuencia.

d) Todos los envases que contenga productos químicos de limpieza deben tener su correspondiente etiqueta.

56. ¿Qué productos químicos se sitúan en las zonas más bajas de las estanterías?

a) Los productos más voluminosos y los menos utilizados.
b) Los productos más voluminosos y los más utilizados.
c) Los productos menos voluminosos y los menos utilizados.
d) Los productos menos voluminosos y los más utilizados.

Solución al test n.º 2

1. d) El glutaraldehído.

2. c) Los detergentes aniónicos.

3. b) Los detergentes anfóteros.

4. a) Son productos de gran eficacia, pero de elevado poder corrosivo.

5. d) Está comprendido entre 6 y 8.

6. d) Todas las respuestas son correctas.

7. c) Sanitizante.

8. b) Es estable aunque tiene poco efecto remanente y se inactiva muy fácilmente en presencia de materia orgánica.

9. b) 1:10 (9 litros de agua y 1 de lejía).

10. d) Son activos frente a hongos y bacterias Gram (+) y menos frente a las Gram (-).

11. c) 70 %.

12. c) Los alcoholes se inactivan en presencia de materia orgánica.

13. b) Es recomendable para la limpieza y desinfección de todo tipo de superficies.

14. d) Los limpiamuebles se deben aplicar en la bayeta inmediatamente antes de su uso y, a ser posible, sobre mobiliario no lavable.

15. a) Los detergentes no iónicos.

16. c) Detergentes ácidos.

17. a) Los detergentes neutros.

18. d) Tienen consideración de medicamentos los antisépticos para piel sana, incluidos los destinados al campo quirúrgico preoperatorio y los destinados a la desinfección del punto de inyección.

19. a) La dilución se preparará días antes de su utilización para mayor eficacia y preferentemente en lugares ventilados.

20. d) Todas las respuestas son correctas.

21. b) El formaldehído.

22. c) H.

23. a) Ficha de datos de seguridad.

24. d) Todas las respuestas son correctas.

25. a) Físicos.

26. b) Carcinogénica.

27. a) Peligroso para el medio ambiente.

28. d) Un símbolo negro sobre un fondo blanco, con un marco rojo lo suficientemente ancho para ser claramente visible.

29. d) Todas las respuestas son correctas.

30. b) Ficha de Datos de Seguridad.

31. a) Los materiales que constituyen los envases y sus cierres han de ser fácilmente solubles en el contenido para no entrar en reacción con él.

32. d) Peligros contagiables.

33. d) En 16 clases.

34. a) 60 ºC.

35. c) Comburentes.

36. a) Sustancias pirofóricas.

37. c) 10 clases y 25 categorías.

38. d) Tras la administración por vía cutánea de entre 10 a 20 dosis de una sustancia o mezcla.

39. d) Los 21 días siguientes a la aplicación.

40. a) Palabras de advertencia.

41. c) Atención.

42. d) Sustancia explosiva.

43. a) Corrosiva.

44. a) Las frases H, indicaciones de peligro.

45. d) Información suplementaria sobre los peligros.

46. b) Frases S.

47. a) Deberá cumplir el Reglamento sobre clasificación, envasado y etiquetado de preparados peligrosos vigente.

48. b) Cuadrado y apoyado sobre un vértice.

49. c) Solamente podrán almacenarse juntos, adoptando ciertas medidas.

50. c) A mayor producto almacenado, menor riesgo.

51. c) Son ciertas las respuestas a) y b).

52. c) Las que sean estrictamente necesarias para el desarrollo de la actividad diaria.

53. d) Separadas, agrupadas por el tipo de riesgo que pueden generar y respetando las incompatibilidades que existen entre ellas.

54. d) Todos son reactivos entre sí, y no pueden acercarse unos con otros.

55. b) Guardar los líquidos peligrosos en recipientes abiertos.

56. b) Los productos más voluminosos y los más utilizados.

TEST N.º 3

Utensilios y maquinaria de limpieza.
Mantenimiento y conservación

1. Es una característica de la fliselina:

a) Alta flamabilidad.
b) Poca resistencia a la abrasión.
c) Genera pelusas e hilachas libres en condiciones normales de uso.
d) Resistente al calor.

2. En el barrido manual, una vez amontonados los residuos, se retiran y depositan en los contenedores del carrito con:

a) El escobillo y el recogedor.
b) La espátula y la pala.
c) Las tablillas y la sopladora.
d) La escoba y las pinzas.

3. Las tablillas son un utensilio utilizado en algunos lugares, para el barrido manual, para:

a) Desincrustar chicles de las aceras.
b) Arrastrar, amontonar y recoger residuos en pequeños espacios.
c) Cepillar amplias áreas de acerado.
d) Trasladar residuos de la bolsa del carrito al contenedor.

4. Un cepillo pequeño que se utiliza para empujar hacia la pala o el recogedor los residuos amontonados previamente, es:

a) El cepillo de púas.
b) El rastrillo.
c) La tablilla.
d) El escobijo o escobillo.

5. Una de las siguientes no es una característica del carrito que lleva el operario/a de limpieza del barrido manual, ¿cuál?

a) Ser maniobrable, ligero y cómodo.
b) Contar con un espacio destinado a los útiles de limpieza y otro para uno o dos cubos de plástico.
c) Tienen, por lo habitual, dos ruedas.
d) Los actuales tienen un gran tamaño para evitar desplazamientos a los puntos de vertido.

6. Para retirar la hierba o maleza existente en el acerado, el operario/a de limpieza del barrido manual utiliza:

a) Escoba y rascador.
b) Azada y rastrillo.
c) Espátula y pala.
d) Escobijo y palustre curvo.

7. El instrumento dotado de cuchillas y un mango largo, utilizado por el operario/a de limpieza del barrido manual para desincrustar sustancias pegadas al pavimento, es:

a) El rascador.
b) El cepillo de púas.
c) El rastrillo.
d) El escobijo.

8. La herramienta utilizada como alternativa a la escoba, para el arrastre de residuos en el pavimento, con mayor capacidad aún de arrastre es:

a) La pala.
b) El escobillo.
c) El cepillo.
d) Las tablillas.

9. Las mangueras más recomendables en el servicio de baldeo manual han de tener una longitud de unos:

a) 10 metros.
b) 25 metros.
c) 50 metros.
d) 100 metros.

10. El aparato eléctrico que frota un disco en el suelo para succionar la suciedad de la superficie, se denomina:

a) Pulidora.
b) Monocepillo.

c) Aspirador mixto.
d) Vaporosa.

11. ¿Para qué uso está diseñada la fregadora automática?

a) Espacios reducidos.
b) Exteriores.
c) Pasillos.
d) Habitaciones.

12. ¿Cómo serán los dos cubos del carro para sistema de doble cubo?

a) Del mismo color.
b) De entre 3-5 litros.
c) De distinto color.
d) De distinta forma.

13. El material de limpieza se limpiará con:

a) Agua más detergente ácido más bayeta y estropajo si fuera preciso.
b) Agua más detergente alcalino más paño y estropajo si fuera preciso.
c) Agua más detergente neutro más bayeta y estropajo si fuera preciso.
d) Agua más detergente básico más estropajo y desinfectante si fuera preciso.

14. Los cubos de basura se limpiarán:

a) Antes y después de la jornada laboral.
b) Tres veces al día.
c) Cada día.
d) Cada semana, o cuando sea necesario.

15. El carro de transporte del cubo de basura debe limpiarse cada:

a) Trimestre.
b) Mes.
c) Semana.
d) Día.

16. ¿Qué afirmación es incorrecta en relación con la conservación del material de limpieza?

a) Una vez realizada la limpieza del mobiliario se limpiará el material utilizado en limpieza de mobiliario.
b) Una vez limpio el material de limpieza, que antes se empleó en la limpieza del mobiliario, se dejará en situación de secado.

c) Para aprovechar los útiles de limpieza y alargar su vida, se empleará el material estropeado y sucio para realizar la limpieza diaria.

d) Tras finalizar el trabajo de limpieza se cerrarán puertas y ventanas.

17. ¿Cuándo se someterán todos los utensilios utilizados a una correcta limpieza, de forma tal que nos permita disponer de los mismos en perfecto estado al comienzo de la jornada siguiente?

a) En el mismo inicio de la jornada siguiente.

b) En el inicio de la jornada anterior.

c) Finalizada la jornada de trabajo.

d) No existe un protocolo claro de cuándo efectuarlo.

18. ¿Quién designa corrientemente la normativa de uniformidad del trabajador de limpieza?

a) Deberá ajustarse a la que designe el Comité de empresa.

b) Deberá ajustarse a la que designe el sindicato mayoritario elegido por los trabajadores de la empresa.

c) Deberá ajustarse a la que designe la empresa para la que trabaja.

d) Deberá ajustarse a la que designe la Administración Local (Ayuntamiento).

19. ¿Cómo deberá estar siempre el uniforme del trabajador de limpieza?

a) Limpio, con arrugas en ocasiones (durante la jornada) y sin roturas.

b) Limpio y planchado.

c) Limpio y sin roturas.

d) Limpio, planchado y sin roturas.

20. Todo lo que se dice de la vestimenta y aseo personal de los trabajadores de limpieza es cierto, excepto:

a) El aspecto del personal de limpieza será garantía de prestigio para la empresa para quien se trabaja.

b) El pelo deberá llevarse limpio.

c) El pelo del trabajador, cuando lo tiene excesivamente largo, no es necesario que se recoja, debido al respeto a la intimidad del mismo.

d) El uniforme del trabajador de limpieza deberá estar siempre planchado, limpio y sin roturas.

21. El calzado empleado en limpieza deberá ser:

a) El calzado será el mismo para todas las tareas.

b) No importa el tipo de calzado que lleve el trabajador de limpieza.

c) El calzado empleado en el fregado o/y riego o baldeo de suelos debe ser el mismo que el del barrido en seco.

d) El calzado deberá ser el apropiado para la tarea que se tenga que realizar.

22. El aseo personal del trabajador debe ser:

a) Diario.
b) Cada dos días.
c) Cada tres días.
d) Hasta cada semana, si sigue limpio.

23. ¿Hasta qué punto puede ser importante el aseo personal del trabajador de la empresa de limpieza para el propio operario?

a) Necesario para realizar su tarea diaria.
b) Necesario por estética de la empresa.
c) Será condición indispensable para la continuidad en el puesto de trabajo.
d) Necesario para poder cobrar semanalmente.

24. ¿Qué zona del cuerpo de trabajador requiere una especial atención en su aseo, mediante lavado, ya que puede ser un vehículo de contaminación de microorganismos?

a) Pies.
b) Manos.
c) Cara.
d) Tronco.

25. ¿Cuándo no deben lavarse las manos?

a) Después de manipular material sucio (basuras).
b) Después de cambiarse de ropa y antes de empezar a trabajar.
c) Comiendo, ya que se han lavado antes de comer.
d) Después de utilizar el WC.

26. Las manos deben lavarse en la jornada laboral:

a) Antes de empezar a trabajar.
b) Al finalizar la jornada.
c) Siempre que lo creamos necesario.
d) En todas las ocasiones anteriores.

27. Además de lavarnos las manos, para protegernos en el trabajo de limpieza de las contaminaciones involuntarias emplearemos:

a) Cuidados en no tocar lo que no debemos.
b) Especie de ungüentos que impiden que nos contaminemos.
c) Guantes.
d) Todo lo anterior es cierto.

28. Los paños son clasificados por colores en función de donde vayan a ser utilizados. ¿De qué color ha de ser el paño que se utilice únicamente para limpiar los sanitarios que no sea retrete?

a) Azul.
b) Rojo.
c) Amarillo.
d) Verde.

29. ¿Cómo se denomina el cepillo pequeño que se utiliza para empujar hacia la pala o el recogedor los residuos amontonados previamente?

a) Escoba.
b) Escobillo o escobijo.
c) Mopa.
d) Cepillo.

30. ¿Cuál de las siguientes palas utilizaría para la limpieza de los sumideros?

a) La pala cuadrada pequeña.
b) La pala cuadrada de recogida o de carbonero.
c) La pala rectangular con los rebordes laterales altos.
d) La pala redonda de arenero.

31. ¿De qué materiales puede ser el capazo?

a) De goma.
b) De esparto.
c) De plástico.
d) Todas las respuestas son correctas.

32. ¿Cuál de los siguientes instrumentos utilizaría para desincrustar sustancias pegadas al pavimento, como los chicles, caramelos, cera o resina?

a) El rascador.
b) Una pala.
c) El rastrillo.
d) La azada.

33. Señala cuál de las siguientes no es una de las características que han de tener las mangueras utilizadas en el baldeo manual:

a) Alta resistencia al corte.
b) Gran diámetro, para un abundante riego.
c) Acoplamiento rápido y estandarizado a la red pública de riego.
d) Flexibles y manejables.

34. ¿Con qué nombre se conoce también a las pinzas recoge objetos?

a) Stikers.
b) Snacks.
c) Flexers.
d) Altunas.

35. El carro de limpieza para el sistema de doble cubo o rasante dispondrá de una bandeja para material de cuartos de baño y otra para material de limpieza de mobiliario, con una profundidad mínima de:

a) 10 centímetros.
b) 15 centímetros.
c) 20 centímetros.
d) 30 centímetros.

36. El carro de limpieza para el sistema de doble cubo o rasante dispondrá de dos cubos pequeños para la limpieza de superficies diferentes al suelo, y para limpiar los paños después de cada habitación, de color:

a) Azul y rojo.
b) Blanco y negro.
c) Azul y verde.
d) Amarillo y rojo.

Solución al test n.º 3

1. d) Resistente al calor.

2. a) El escobillo y el recogedor.

3. b) Arrastrar, amontonar y recoger residuos en pequeños espacios.

4. d) El escobijo o escobillo.

5. d) Los actuales tienen un gran tamaño para evitar desplazamientos a los puntos de vertido.

6. b) Azada y rastrillo.

7. a) El rascador.

8. c) El cepillo.

9. b) 25 metros.

10. b) Monocepillo.

11. c) Pasillos.

12. c) De distinto color.

13. c) Agua más detergente neutro más bayeta y estropajo si fuera preciso.

14. c) Cada día.

15. d) Día.

16. c) Para aprovechar los útiles de limpieza y alargar su vida, se empleará el material estropeado y sucio para realizar la limpieza diaria.

17. c) Finalizada la jornada de trabajo.

18. c) Deberá ajustarse a la que designe la empresa para la que trabaja.

19. d) Limpio, planchado y sin roturas.

20. c) El pelo del trabajador, cuando lo tiene excesivamente largo, no es necesario que se recoja, debido al respeto a la intimidad del mismo.

21. d) El calzado deberá ser el apropiado para la tarea que se tenga que realizar.

22. a) Diario.

23. c) Será condición indispensable para la continuidad en el puesto de trabajo.

24. b) Manos.

25. c) Comiendo, ya que se han lavado antes de comer.

26. d) En todas las ocasiones anteriores.

27. c) Guantes.

28. c) Amarillo.

29. b) Escobillo o escobijo.

30. c) La pala rectangular con los rebordes laterales altos.

31. d) Todas las respuestas son correctas.

32. a) El rascador.

33. b) Gran diámetro, para un abundante riego.

34. b) Snacks.

35. b) 15 centímetros.

36. a) Azul y rojo.

TEST N.º 4

Limpieza de suelos y escaleras

1. La cristalización:

a) Es el tratamiento idóneo para piedras porosas y calcáreas.
b) Se aplica con fregona industrial.
c) Se aplica con máquina de chorro de arena.
d) Son correctas las respuestas a) y c).

2. ¿Con qué tipo de mopa se aplicará las emulsiones?

a) La mopa deberá ser de algodón usado.
b) Con los flecos abiertos.
c) Con mopa de fibra metálica.
d) Las opciones a) y b) son correctas.

3. Las emulsiones:

a) Se deben aplicar en capas finas.
b) Hay que aplicar al menos dos capas.
c) Se puede pasar por ellas máquina de alta velocidad.
d) Todas son correctas.

4. Para cristalizar:

a) Utilizaremos productos que contengan fluosilicatos.
b) Sólo aplicaremos fluosilicatos con ceras.
c) Se cristaliza con decapantes.
d) Ninguna es correcta.

5. La primera capa de aplicación de emulsiones de suelos:

a) Se apartará medio palmo del zócalo.
b) Se apartará un palmo del zócalo.

c) Se apartará un palmo y medio del zócalo.
d) Cubrirá toda la superficie del suelo.

6. Los suelos de linóleo:

a) Son suelos duros.
b) Son suelos sensibles a los productos alcalinos.
c) Son suelos porosos.
d) Son correctas las respuestas b) y c).

7. El granito:

a) Es un suelo duro.
b) No es poroso.
c) No cristaliza.
d) Todas son correctas.

8. Los suelos de goma:

a) Se pueden tratar con emulsiones.
b) Son suelos blandos.
c) Su mejor mantenimiento es con máquinas de alta velocidad (método spray).
d) Todas son correctas.

9. La madera y el corcho:

a) Se deberán fregar a diario con agua y detergente neutro.
b) Lo que más les daña es el agua.
c) Se deberán cristalizar.
d) Son suelos no porosos.

10. Las alfombras y textiles:

a) Son suelos porosos en tres dimensiones.
b) Lo que más les daña es el polvo.
c) Se deben aspirar a diario.
d) Todas son correctas.

11. El sistema de limpieza de suelos que simplifica su mantenimiento y que es el más económico se denomina:

a) Abrillantado.
b) Spray.
c) Encerado.
d) Cristalizado.

12. ¿Qué determina el grado de agresividad de un disco abrasivo?

a) Su color.
b) Su densidad.
c) Su tamaño.
d) Ninguna de las respuestas anteriores es correcta.

13. Los discos abrasivos tienen la misión de:

a) Extender el producto.
b) Ayudar a la acción química del producto mediante una acción mecánica.
c) Recuperar la suciedad disuelta y abrillantar.
d) Todas las respuestas son correctas.

14. Para la aplicación del Método Spray se debe utilizar:

a) Detergente.
b) Solvente.
c) Cera.
d) Todo ello, emulsionado con agua.

15. ¿Qué tratamiento será más recomendable dar en un suelo de mármol viejo, sin brillo y con arañazos?

a) Primero cristalizado y después encerado.
b) Primero encerado y después diamantado.
c) Primero diamantado y después cristalizado.
d) Primero diamantado y después acuchillado.

16. Señala uno de los inconvenientes que presenta el método de barrido en seco:

a) No permite desempolvar bien por debajo de los muebles y muchas veces fija el polvo y los residuos en los zócalos.
b) La forma en la que debe utilizarse la escoba convencional produce, con el tiempo, dolores de espalda.
c) Es un sistema lento y poco eficaz.
d) Todas las respuestas son correctas.

17. ¿Qué tipo de limpieza se empleará en áreas administrativas?

a) El fregado a máquina.
b) El fregado con un solo cubo solo.
c) El barrido húmedo.
d) El fregado con doble cubo.

18. Las manchas de óxido podrán eliminarse, limpiando bien la superficie con un paño humedecido con una solución de citrato sódico:

a) Al 30 %.
b) Al 20 %.
c) Al 15 %.
d) Al 10 %.

19. ¿A qué tipo de manchas se les debe aplicar una solución de alcohol, ácido acético blanco, glicerina, ácido sálico y éter?

a) A las manchas de cal del agua.
b) A las manchas de óxido.
c) A las manchas de tinta.
d) A las manchas de grasa.

20. ¿Qué tipo de manchas se eliminan con un detergente ácido o con un poco de vinagre?

a) Las manchas de cal del agua.
b) Las manchas de grasa.
c) Las manchas de tinta.
d) Las manchas de chicles.

21. ¿Qué tipo de manchas se eliminan con una solución de agua y un detergente ácido al 50 % o bien alcohol de 96º?

a) Las manchas de tinta.
b) Las manchas de chicles.
c) Las manchas de óxido.
d) Las manchas de grasa.

22. Señala la respuesta incorrecta respecto al aspirado:

a) Moveremos la boquilla de aspiración hacia adelante y hacia atrás mientras avanzamos en el aspirado.
b) Debemos poner a punto la aspiradora asegurándonos de que aspira correctamente y de que es la adecuada para el tipo de suciedad que debemos aspirar.
c) Aspiraremos en primer lugar las superficies que menos se ensucian y, posteriormente las que más se ensucian (y si es preciso dos o tres veces).
d) Comprobaremos que la bolsa está en buenas condiciones para que la boquilla de aspiración pueda succionar la suciedad correctamente.

23. Los disolventes orgánicos que utilicemos para combatir las manchas de grasa deberán:

a) Poder combinarse con gasolina, benceno o tetracloruro de carbono.
b) Tener una temperatura de inflamación por encima de 40 ºC.

c) Tener un umbral de toxicidad superior al del metilcloroformo 350 ppm.
d) Todas las respuestas son correctas.

24. ¿Qué tipo de suelos son una alfombra o una moqueta?

a) Suelos de cerámica.
b) Suelos textiles.
c) Suelos de linóleo.
d) Suelos termoplásticos.

25. ¿Cuál de los siguientes es un suelo duro?

a) Suelos de cerámica.
b) Suelos vinílicos.
c) Suelos de corcho.
d) Suelos de goma.

26. ¿Qué tipo detergente se emplea en el tratamiento de base con método spray de los suelos de PVC?

a) Alcalino.
b) Ácido.
c) Fuerte.
d) No se emplea detergente.

27. Para cristalizar:

a) Utilizaremos productos que contengan fluosilicatos.
b) Sólo aplicaremos fluosilicatos con ceras.
c) Se cristaliza con decapantes.
d) Ninguna es correcta.

28. ¿Qué tratamiento será más recomendable dar en un suelo de mármol viejo, sin brillo y con arañazos?

a) Primero cristalizado y después encerado.
b) Primero encerado y después diamantado.
c) Primero diamantado y después cristalizado.
d) Primero diamantado y después acuchillado.

Solución al test n.º 4

1. a) Es el tratamiento idóneo para piedras porosas y calcáreas.

2. d) Las opciones a) y b) son correctas.

3. d) Todas son correctas.

4. a) Utilizaremos productos que contengan fluosilicatos.

5. b) Se apartará un palmo del zócalo.

6. b) Son suelos sensibles a los productos alcalinos.

7. d) Todas son correctas.

8. d) Todas son correctas.

9. b) Lo que más les daña es el agua.

10. b) Lo que más les daña es el polvo.

11. b) Spray.

12. a) Su color.

13. d) Todas las respuestas son correctas.

14. d) Todo ello, emulsionado con agua.

15. c) Primero diamantado y después cristalizado.

16. d) Todas las respuestas son correctas.

17. b) El fregado con un solo cubo solo.

18. d) Al 10 %.

19. c) A las manchas de tinta.

20. a) Las manchas de cal del agua.

21 . b) Las manchas de chicles.

22. c) Aspiraremos en primer lugar las superficies que menos se ensucian y, posteriormente las que más se ensucian (y si es preciso dos o tres veces).

23. c) Tener un umbral de toxicidad superior al del metilcloroformo 350 ppm.

24. b) Suelos textiles.

25. a) Suelos de cerámica.

26. a) Alcalino.

27. a) Utilizaremos productos que contengan fluosilicatos.

28. c) Primero diamantado y después cristalizado.

TEST N.º 5

Limpieza de paredes y techos

1. Las paredes lavables:

a) Se lavarán con agua y detergente neutro.
b) Se lavarán con agua y detergente ácido.
c) Se deberá eliminar el polvo de las mismas una vez al mes.
d) Todas son correctas.

2. Las limpiezas de fachadas se pueden realizar:

a) De forma manual.
b) De forma mecanizada.
c) No se limpian las fachadas.
d) Son correctas la a) y la b).

3. Para realizar una limpieza manual de fachadas:

a) Se humedecerán los papeles y carteles pegados a la superficie y se dejará actuar un rato.
b) Se raspan directamente sin mojar.
c) A veces hay que añadir al agua un poco de cal.
d) Se pulen con pulidora de mano.

4. La limpieza mecánica de fachadas se hará:

a) Con agua a presión.
b) Con chorro de arena.
c) Son correctas la a) y la b).
d) Ninguna es correcta.

5. La limpieza de fachadas con chorro de agua:

a) Se realiza siempre con agua fría.
b) El chorro de agua se debe trabajar de arriba a abajo para evitar salpicaduras.

c) La presión y la temperatura variarán según el material de que esté compuesta la superficie.

d) Todas son correctas.

6. Los grafitis:

a) Son pinturas que se realizan en las paredes con rotuladores o sprays.
b) Suelen llevar la firma de la persona que lo hace o bien dibujos.
c) Normalmente se realizan con tinta o pintura.
d) Todas son correctas.

7. Para limpieza de superficies verticales disponemos de:

a) Escaleras.
b) Andamios.
c) Plataformas.
d) Todas son correctas.

8. En la limpieza de paredes, el detergente alcalino se usará en proporción:

a) No superior al 1 % para limpieza de paredes con grasa.
b) No superior al 2 % para limpieza de paredes con grasa.
c) No superior al 3 % para limpieza de paredes con grasa.
d) No superior al 2 % para limpieza de paredes sin grasa.

9. Para el mantenimiento de textiles en paredes se usará:

a) Percloroetileno.
b) Amoniaco.
c) Champú para limpieza de textiles.
d) Las opciones a) y c) son correctas.

10. Señala la afirmación incorrecta en relación con el mantenimiento de las paredes de madera:

a) El agua deteriora la madera, por tanto, evitaremos mojarla.
b) Se pulveriza el mop-sec con producto capta-polvo al menos 10 minutos antes de su utilización.
c) Se procede a pasar el mop-sec por la madera para quitar el polvo.
d) Si quedara alguna mancha, se humedecerá una bayeta y se procederá a quitarlas manualmente.

11. ¿Cómo se eliminan las mancha del roce de las suelas de los zapatos en la pared no lavable?

a) Con agua y jabón.
b) Con una cuchilla.

c) Con goma de borrar.
d) Con lejía.

12. ¿Cómo se limpiarán las paredes empapeladas?

a) Se deberá eliminar el polvo de las mismas una vez al mes.
b) Se limpiarán diariamente con agua y jabón.
c) Se lavarán una vez al mes con un producto para textil en seco.
d) No se limpian.

13. ¿Para la limpieza de acero en puertas qué tipo de bayeta utilizaremos?

a) Bayeta suave de limpieza.
b) Bayeta azul.
c) Es indiferente.
d) No se utiliza bayeta.

14. ¿Cuándo se limpiarán los zócalos?

a) Antes de la pared.
b) Después de la pared.
c) Después del suelo.
d) A la vez que el suelo.

15. ¿Con qué se quitan las manchas de la pintura plástica en una pared?

a) Con agua.
b) En seco.
c) Con trementina.
d) Con percloroetileno.

16. Las paredes de pinturas al temple:

a) Se deben limpiar en seco.
b) Se limpian a través de un lavado y lejiado.
c) Se utilizan pulverizadores sin frotar.
d) Solo se limpian con paños secos.

17. Señala la mejor técnica para eliminar manchas en una pared empapelada:

a) Con goma de borrar o con una bola de miga de pan.
b) Con un rascador.
c) Con un cepillo de cerdas duras.
d) Con un cepillo de cerdas semirrígidas.

18. Indique que afirmación es correcta en relación con a la limpieza de paredes pintadas:

a) Para limpiar una pared pintada es indiferente con qué tipo de pintura se han pintado.
b) Debe lavarse sin haber retirado previamente el polvo para una mayor higiene.
c) Tras el fregado de la pared debe secarse con una trapo seco.
d) No debe enjuagarse más de una vez la esponja o bayeta que se utilice.

19. ¿Cuál de los siguientes tipos de paredes requieren para su lavado un detergente especial y una espuma especial, respectivamente?

a) Entelada y de pintura.
b) Empapelada y de cerámica.
c) De madera y entelada.
d) De pintura y de madera.

20. ¿Con qué frecuencia se procederá a la limpieza de las superficies próximas a las tomas de aire acondicionado?

a) Diariamente.
b) Semanalmente.
c) Cada quince días.
d) Mensualmente.

21. ¿Qué método utilizaría para eliminar manchas de una pared textil?

a) Frotación.
b) Arrastre.
c) Abrasión.
d) Tamponación.

22. ¿Qué utilizaría para limpiar manualmente un techo?

a) Mopa húmeda.
b) Bomba de aspiración.
c) Hidrolimpiadora.
d) Plumero.

23. ¿Con qué se limpiaría el sistema de detección de alarmas?

a) Con agua y jabón.
b) Con aire a presión.
c) Con desinfectante.
d) Con plumero.

24. ¿Qué orden de limpieza es correcto?

a) Techo, pared, suelo.
b) Techo, suelo, pared.
c) Pared, techo, suelo.
d) Suelo, pared, techo.

Solución al test n.º 5

1. a) Se lavarán con agua y detergente neutro.

2. d) Son correctas la a) y la b).

3. a) Se humedecerán los papeles y carteles pegados a la superficie y se dejará actuar un rato.

4. c) Son correctas la a) y la b).

5. c) La presión y la temperatura variarán según el material de que esté compuesta la superficie.

6. d) Todas son correctas.

7. d) Todas son correctas.

8. b) No superior al 2 % para limpieza de paredes con grasa.

9. d) Las opciones a) y c) son correctas.

10. b) Se pulveriza el mop-sec con producto capta-polvo al menos 10 minutos antes de su utilización.

11. c) Con goma de borrar.

12. a) Se deberá eliminar el polvo de las mismas una vez al mes.

13. a) Bayeta suave de limpieza.

14. b) Después de la pared.

15. a) Con agua.

16. a) Se deben limpiar en seco.

17. a) Con goma de borrar o con una bola de miga de pan.

18. c) Tras el fregado de la pared debe secarse con una trapo seco.

19. c) De madera y entelada.

20. b) Semanalmente.

21. d) Tamponación.

22. a) Mopa húmeda.

23. b) Con aire a presión.

24. a) Techo, pared, suelo.

TEST N.º 6

Limpieza de baños, aseos públicos y urinarios

1. ¿Qué tipos de suciedad es el cemento?

a) Grasa.
b) Mineral.
c) Procedente de partículas que se desprenden del cuerpo.
d) Óxido.

2. ¿Con qué producto se elimina la grasa?

a) No tiene importancia la acidez.
b) Ácido.
c) Alcalino.
d) Neutro o ligeramente alcalino.

3. ¿Con qué producto se elimina la suciedad mineral?

a) Ácido.
b) Básico.
c) Neutro.
d) Lejía.

4. ¿Qué operación es correcta en la limpieza de aseos?

a) Se deberá aplicar después de la limpieza, si es necesario, lejía en una concentración al 2 %.
b) Se deberá aplicar después de la limpieza, si es necesario, peróxido de hidrógeno en una concentración al 2 %.
c) a) Se deberá aplicar después de la limpieza, si es necesario, lejía en una concentración al 12 %.
d) Todas son correctas.

5. De los elementos del cuarto de baño, ¿cuál se limpiará en último lugar?

a) Lavabo.
b) Bidé.

c) Bañera.
d) Inodoro.

6. ¿Para qué sirve la escobilla?

a) Para barrer.
b) Para frotar por dentro el lavabo.
c) Para frotar por dentro el inodoro.
d) Para frotar por dentro y por fuera el inodoro.

7. ¿Qué producto se utilizará para fregar el suelo del baño?

a) Detergente ácido.
b) Jabón.
c) Abrillantador.
d) Detergente-desinfectante.

8. ¿Cuántas veces se limpian los aseos públicos?

a) Una.
b) Diaria.
c) Dos.
d) Cuantas sea necesario en función de la ocupación.

9. ¿Qué es lo primero que se limpia en el aseo?

a) Lavabo.
b) Bidé.
c) Bañera.
d) Inodoro.

10. ¿Qué tipos de aseos públicos podemos encontrar?

a) Para mujeres.
b) Para hombres.
c) Para personas con discapacidad.
d) Todas las respuestas son correctas.

11. ¿A qué altura estará el lavabo en un aseo para personas con discapacidad?

a) 50 cm.
b) 70 cm.
c) 90 cm.
d) 1 m.

12. ¿Cuál de estas características corresponde a un aseo de personas con discapacidad?

a) Lavabo a altura de 90 cm., sin pie ni mueble, que permita el acercamiento y uso con silla de ruedas.
b) Grifos de accionamiento por giro.
c) Barras de apoyo a altura adecuada ancladas firmemente junto al inodoro.
d) Papel higiénico y accesorios cercanos al suelo.

13. ¿Qué es correcto sobre la limpieza de urinarios?

a) Se realizará de la misma forma que la limpieza de inodoros.
b) Es conveniente que la solución permanezca en el interior del urinario durante unos minutos.
c) Para la suciedad mineral se utilizará detergente ácido y después se tirará de la cadena.
d) Todas las respuestas son correctas.

14. ¿Cómo se realizará la limpieza de cuartos de baños y aseos?

a) En húmedo.
b) Realizando limpieza y desinfección simultáneamente.
c) Se fregará el suelo con el sistema de doble cubo.
d) Todas las respuestas son correctas.

15. ¿Qué característica de las siguientes tendrá un buen desinfectante?

a) Altamente soluble.
b) De olor desagradable.
c) No inocuo para la colectividad.
d) Corrosivo.

16. La limpieza de servicios:

a) Debe ser meticulosa.
b) Requiere el uso de guantes.
c) No es importante.
d) Son correctas la a) y la b).

17. La suciedad grasa o materia orgánica:

a) Es la suciedad diaria.
b) Requiere el uso de solución de detergente neutro.
c) Es así como se llama al sarro y óxido.
d) Son correctas la a) y la b).

18. En limpieza de servicios hay que tener en cuenta:

a) Limpiar de lo menos sucio a lo más sucio para evitar contaminaciones.
b) Utilizar muchos productos.
c) Preocuparse únicamente del suelo.
d) Ninguna es correcta.

19. En los servicios se debe:

a) Reponer el papel higiénico, jabón, toallas,...
b) Vaciar papeleras.
c) Dejar correr el agua de los urinarios...
d) Todas son correctas.

20. El detergente ácido:

a) Se empleará para quitar la suciedad de diario.
b) Sólo sirve para eliminar el óxido, sarro, cal,...
c) Se utilizará después de haber limpiado.
d) Son correctas la b) y la c).

21. En la limpieza de los servicios debemos tener en cuenta que hay dos tipos de suciedades, que son:

a) La grasa y la inorgánica.
b) La grasa y la sólida.
c) La grasa y la mineral.
d) Ninguna de las opciones anteriores es correcta.

22. Señala la opción incorrecta con respecto a las características que ha de tener un buen desinfectante:

a) No será inflamable.
b) Será estable en su almacenamiento.
c) De acción eficaz y rápida a temperatura ambiente.
d) Debe ser sensible a las variaciones de pH.

Solución al test n.º 6

1. b) Mineral.

2. d) Neutro o ligeramente alcalino.

3. a) Ácido.

4. a) Se deberá aplicar después de la limpieza, si es necesario, lejía en una concentración al 2 %.

5. d) Inodoro.

6. c) Para frotar por dentro el inodoro.

7. d) Detergente-desinfectante.

8. d) Cuantas sea necesario en función de la ocupación.

9. a) Lavabo.

10. d) Todas las respuestas son correctas.

11. b) 70 cm.

12. c) Barras de apoyo a altura adecuada ancladas firmemente junto al inodoro.

13. d) Todas las respuestas son correctas.

14. d) Todas las respuestas son correctas.

15. a) Altamente soluble.

16. d) Son correctas la a) y la b).

17. d) Son correctas la a) y la b).

18. a) Limpiar de lo menos sucio a lo más sucio para evitar contaminaciones.

19. d) Todas son correctas.

20. d) Son correctas la b) y la c).

21. c) La grasa y la mineral.

22. d) Debe ser sensible a las variaciones de pH.

TEST N.º 7

Limpieza de ventanas, cristales y espejos

1. Para limpieza de superficies verticales disponemos de:

a) Escaleras.
b) Andamios.
c) Plataformas.
d) Todas son correctas.

2. ¿Cómo se eliminan las marcas de gotas de agua del espejo del baño?

a) Con agua y jabón.
b) Con agua solo.
c) Con agua y unas gotas de vinagre.
d) Con lejía.

3. ¿Con qué producto se limpian los espejos?

a) Con lejía.
b) Con agua y jabón.
c) Con bicarbonato.
d) Un detergente ácido.

4. ¿Qué utensilio de los siguientes utilizaremos para quitar suciedad pegada a los cristales que es difícil de eliminar?

a) Un cepillo aspirante.
b) Un limpiacristales o rastrillo.
c) Un estropajo.
d) Un rasca-vidrios.

5. En la limpieza de cristales, indique cuál de las siguientes afirmaciones es incorrecta:

a) Los cristales deben limpiarse cuando les da el sol con el objeto de ver mejor las manchas.
b) Los cristales deben limpiarse de arriba hacia abajo.

c) Las manchas de insectos podemos eliminarlas más fácilmente con alcohol de quemar.

d) Cuando limpiemos cristales grandes lo haremos más fácilmente si utilizamos cepillos montados con tubos enlazados.

6. A la hora de eliminar la suciedad de los cristales, hay que tener en cuenta que:

a) Las manchas de pintura las quitaremos fácilmente con alcohol de quemar.
b) Los limpiaremos siempre de abajo hacia arriba.
c) Las manchas producidas por los insectos las eliminaremos con esencia de trementina.
d) Procuraremos no limpiarlos cuando el sol se refleje en ellos.

7. Los cristales de las puertas de entrada requieren una frecuencia de limpieza:

a) Quincenal.
b) Semestral.
c) Diaria.
d) Anual.

8. Indica la opción incorrecta. Cuando limpiemos en edificio donde exista personal trabajando debemos tener en cuenta:

a) Señalizar la zona mojada para evitar resbalones.
b) Usar uniformes e identificativos.
c) Ubicar el material en un lugar donde no estorbe.
d) Todas son correctas.

9. Los cristales de difícil acceso se limpiarán con una frecuencia orientativa de:

a) Quincenal.
b) Trimestral.
c) Anual.
d) Diaria.

10. Lo primero que tenemos que hacer en el montaje del restrillo para limpiar los cristales es:

a) Dejar entrar los dos dientes del muelle en cualquiera de las dos aberturas de la guía.
b) acoplar el mango en alguno de los lugares de la guía.
c) Apretar el muelle de acero en la parte inferior del mango.
d) Colocar el mango en la parte central de la guía, es la más usada.

11. Qué es un «*Strip*»:

a) Lavavidrios.
b) Máquina fregadora automática.

c) Rascador de vidrios.
d) Sistema de doble cubo para limpieza de suelos.

12. En la limpieza de ventanas grandes, ¿qué primer movimiento debemos hacer con el lavavidrios al empaparlo de agua?

a) En zip zap.
b) De arriba abajo.
c) A lo largo.
d) Es indiferente el movimiento.

13. Para dar el último toque a las ventanas grandes:

a) Colocaremos una gamuza en el extremo del tubo, limpiando a lo largo del borde y en los rincones para quitar eventuales gotas de agua.
b) Con el limpiacristales ligeramente inclinado, arrastre el agua horizontalmente hacia el borde derecho.
c) Cuando se aproxime al borde derecho, vigilar la guía del rastrillo hacia la derecha para que el extremo de su goma toque el borde lateral.
d) Después de cada pasada del rastrillo, escurra el limpiacristales suavemente con unos golpecitos sobre la parte aún mojada del cristal.

14. En el sistema de posicionamiento para la limpieza de ventanas se debe tener en cuenta:

a) Pasar de ventana a ventana por fuera del edificio.
b) Parar sobre el borde de la ventana, aunque esté resbaladizo, lleva zapatos de seguridad.
c) Una vez limpia la ventana, desconecte los dos extremos de la correa antes de entrar en el edificio.
d) Mantener los dos extremos de la correa conectados al punto de anclaje mientras se limpia la ventana.

15. En la limpieza de cristales indica que opción es incorrecta:

a) Se usa un rascador de vidrio para las manchas difíciles.
b) Se limpia siempre de derecha a izquierda.
c) Se limpia siempre de arriba abajo.
d) Se debe limpiar el cristal siempre cuando no le esté dando el sol.

16. El sistema de conexión al anclaje se compone de:

a) Dos líneas de trabajo.
b) Una línea de trabajo y una línea de seguridad.
c) Una línea de trabajo y dos líneas de seguridad.
d) Una sola línea de trabajo.

17. Indica cuál no es una parte de la cuerda tipo A de la norma UNE-EN 1891:

a) Alma.
b) Identificación.
c) Cuerpo.
d) Camisa.

18. ¿De qué tipo es el dispositivo de regulación de cuerda accionado manualmente que, cuando se engancha a una línea de trabajo, se bloquea bajo la acción de una carga en un sentido y desliza libremente en sentido opuesto?

a) A.
b) B.
c) C.
d) W.

19. ¿En qué posición se colocará el limpiacristales sobre la superficie del cristal para comenzar limpiar?

a) Horizontal.
b) Vertical.
c) Ligeramente inclinado a la derecha.
d) Es indiferente.

20. ¿En qué posición es más habitual colocar el mango del rastrillo limpiacristales?

a) Derecha.
b) Centro.
c) Izquierda.
d) Ligeramente a la derecha o izquierda, para que sea más fácil llegar a las esquinas.

Solución al test n.º 7

1. d) Todas son correctas.

2. c) Con agua y unas gotas de vinagre.

3. b) Con agua y jabón.

4. d) Un rasca-vidrios.

5. a) Los cristales deben limpiarse cuando les da el sol con el objeto de ver mejor las manchas.

6. d) Procuraremos no limpiarlos cuando el sol se refleje en ellos.

7. c) Diaria.

8. d) Todas son correctas.

9. b) Trimestral.

10. c) Apretar el muelle de acero en la parte inferior del mango.

11. a) Lavavidrios.

12. c) A lo largo.

13. a) Colocaremos una gamuza en el extremo del tubo, limpiando a lo largo del borde y en los rincones para quitar eventuales gotas de agua.

14. d) mantener los dos extremos de la correa conectados al punto de anclaje mientras se limpia la ventana.

15. b) Se limpia siempre de derecha a izquierda.

16. b) Una línea de trabajo y una línea de seguridad.

17. c) Cuerpo.

18. b) B.

19. c) Ligeramente inclinado a la derecha.

20. b) Centro.

TEST N.º 8

Limpieza de muebles de madera, de cuero y tapizados

1. ¿Cuál de los siguientes es un componente de la madera?

a) Celulosa.
b) Lignina.
c) Poliéster.
d) Las respuestas a) y b) son correctas.

2. ¿Qué afirmación es cierta sobre las maderas blandas?

a) Gran resistencia y duración.
b) Gran calidad.
c) Provienen de coníferas como el pino.
d) Son maderas de poco peso, que tienen un coste elevado en comparación con las maderas duras.

3. ¿Qué característica tiene la madera natural?

a) Es porosa.
b) Puede tener acabado mate o brillante.
c) No ha sido cortada.
d) Ha recibido un tratamiento protector.

4. Como norma general, ¿de qué manera se limpia un mueble o superficie de madera?

a) De abajo hacia arriba.
b) Con movimientos circulares.
c) En sentido contrario a la veta.
d) En el sentido de la veta.

5. ¿Qué compuesto se puede añadir a la solución limpiadora para madera natural?

a) Vinagre.
b) Lejía.

c) Aceite.
d) Barniz.

6. ¿Cómo eliminaría las huellas de dedos en un mueble de madera barnizada?

a) Pasando un paño seco que no deje pelusa.
b) Con limpiamuebles específico.
c) Con cera.
d) Todas las respuestas son correctas.

7. ¿Qué remedio utilizaría para recuperar el brillo de un mueble de madera barnizada?

a) Alcohol y limón.
b) Gasolina y aguarrás.
c) Bencina.
d) Cera de abeja.

8. ¿Qué mezcla aplicaría sobre un mueble de madera afectado por la humedad?

a) Alcohol, aceite de linaza y limón a partes iguales.
b) Agua jabonosa con unas gotas de vinagre.
c) Lejía diluida y posterior secado y abrillantado.
d) Alcohol y esencia de trementina.

9. ¿Qué utilidad tiene el barniz para exteriores?

a) Da más brillo a la madera.
b) Protege frente a la humedad.
c) Abre los poros de la madera.
d) Todas las respuestas son correctas.

10. ¿Cómo se limpian las persianas de madera?

a) De arriba hacia abajo con un paño seco.
b) Lama a lama con agua jabonosa.
c) A presión.
d) Con alcohol.

11. ¿Qué es la carcoma?

a) Un hongo.
b) Un xilófago.
c) Un virus.
d) Una bacteria.

12. ¿Cómo actúan las bolas de naftalina?

a) Como repelente de plagas.
b) Como atrayente de plagas.
c) Como abrillantador.
d) Como desengrasante.

13. ¿Cómo se denomina el cuero de piel sin pelo y curtida, sin acabado de color?

a) Flor engrasado.
b) Piel de serraje.
c) Flor natural.
d) Napa.

14. ¿Qué característica tiene el nobuk?

a) Su superficie es lijada.
b) No es flexible.
c) Es la parte de la carnaza la que queda expuesta.
d) Es artificial.

15. ¿Qué tipo de cuero es polipiel?

a) Primera flor.
b) Piel sintética.
c) Espesorado.
d) Tapizado natural.

16. ¿Cómo se mantiene la flexibilidad del cuero?

a) Mojando con frecuencia.
b) Con cera de abeja.
c) Con crema protectora para piel.
d) Con barniz.

17. ¿Qué característica tiene el tapizado de poliéster?

a) Tacto suave.
b) Resistente al calor.
c) Muy sensible a la luz solar.
d) Todas las respuestas son correctas.

18. ¿Cómo se eliminan las suciedades no adheridas en un mueble tapizado?

a) Con agua y jabón.
b) Con bencina.

c) Con aspiradora.
d) Con crema hidratante para piel.

19. ¿Qué indica la letra «W», en la etiqueta de limpieza de un mueble tapizado?

a) Se puede lavar con agua.
b) Se debe lavar en seco.
c) Se limpiará con disolvente suave.
d) No se pueden utilizar limpiadores a base de agua ni disolventes.

20. ¿Qué efecto puede tener la humedad sobre un mueble tapizado?

a) Incrustación de manchas.
b) Decoloración del tejido.
c) Fragilidad de las fibras.
d) Aparición de moho.

Solución al test n.º 8

1. d) Las respuestas a) y b) son correctas.

2. c) Provienen de coníferas como el pino.

3. a) Es porosa.

4. d) En el sentido de la veta.

5. a) Vinagre.

6. b) Con limpiamuebles específico.

7. b) Gasolina y aguarrás.

8. a) Alcohol, aceite de linaza y limón a partes iguales.

9. b) Protege frente a la humedad.

10. b) Lama a lama con agua jabonosa.

11. b) Un xilófago.

12. a) Como repelente de plagas.

13. c) Flor natural.

14. a) Su superficie es lijada.

15. b) Piel sintética.

16. c) Con crema protectora para piel.

17. a) Tacto suave.

18. c) Con aspiradora.

19. a) Se puede lavar con agua.

20. d) Aparición de moho.

TEST N.º 9

La limpieza de áreas administrativas en edificios públicos

1. El fregado de suelos de despachos se realiza:

a) Con fregona y un cubo.
b) Con carro mopa de doble cubo.
c) Con escoba.
d) Con fregadoras.

2. Las áreas administrativas en general disponen de:

a) Ordenadores.
b) Fotocopiadoras.
c) Fax.
d) Todas son correctas.

3. Para limpiar las pantallas de los ordenadores:

a) Deberán estar apagados y desconectados.
b) Deberán emplearse productos antiestáticos.
c) La humedad puede provocar problemas.
d) Todas son correctas.

4. La eliminación de polvo en mobiliario:

a) Se realizará empezando por los más altos y trabajando de arriba hacia abajo.
b) Se utilizará bayeta con producto capta-polvo.
c) No es importante el método de trabajo.
d) Son correctas la a) y la b).

5. Las sillas tapizadas:

a) Se deberán aspirar.
b) Se limpiarán con bayeta y producto capta-polvo.

c) Se quitarán las manchas con espuma seca.

d) Son correctas la a) y la c).

6. En la limpieza de equipos de oficina (ordenadores personales, fotocopiad ras, etc.), ¿debe limpiarse su interior por parte del personal de limpieza?

a) Sí, pero deben desconectarse de la red eléctrica primero.

b) No, ya que de esa tarea se ocupan los correspondientes profesionales.

c) Sí, pero no de forma diaria sino semestral.

d) No, salvo en el caso de los contenedores de tóner de las fotocopiadoras.

7. ¿Cómo debe limpiarse una carcasa de ordenador?

a) Con una esponja humedecida en alcohol.

b) Con bayeta de tela sin tejer impregnada de solución de detergente multiusos.

c) Con un trapo suave ligeramente humedecido en agua.

d) Con un trapo impregnado de un producto antigrasa.

8. ¿Cómo se limpian los teléfonos?

a) Sólo con agua.

b) Con un paño humedecido en solución de detergente neutro.

c) Cuando esté muy sucio, con un cepillo muy suave, impregnado de petróleo.

d) Con paño seco y quitapolvo.

9. ¿Cada cuánto tiempo se limpia la zona de micrófono de los teléfonos, si se considera necesario por razones higiénicas?

a) Diariamente.

b) Cada dos días.

c) Semanalmente.

d) Mensualmente.

10. Las sillas de piel o cuero:

a) Se utilizará champú para su limpieza.

b) El polvo se eliminará con bayeta y producto capta-polvo.

c) De vez en cuando se deberá nutrir con crema incolora.

d) Son correctas la b) y la c).

11. Las sillas tapizadas:

a) Se deberán aspirar.

b) Se limpiaran con bayeta y producto capta-polvo.

c) Se quitarán las manchas con espuma seca.

d) Son correctas la a) y la c).

12. La limpieza de las sillas tapizadas se realizará:

a) Diariamente.
b) Cada tres días.
c) Semanalmente.
d) Quincenalmente.

13. ¿Cómo se limpiarán los archivos de oficina?

a) Se limpiarán como el mobiliario lavable.
b) Se limpiarán como el mobiliario no lavable.
c) Se limpiarán diariamente.
d) Todas son correctas.

14. Las ranuras del teclado se limpian:

a) Con papel de celulosa.
b) Con una bayeta humedecida en alcohol.
c) Con una esponja impregnada en una solución de agua con alcohol.
d) Se realizará sacudiendo suavemente los teclados.

15. La limpieza diaria del fax se realiza con:

a) Un paño empapado en agua.
b) Con una bayeta de tela sin tejer humedecida en solución de detergente neutro.
c) Una bayeta mojada en agua con detergente.
d) Todas las respuestas anteriores son correctas.

16. Un limpiador de oficinas necesitará, generalmente, tres bayetas, para:

a) Muebles lavables, muebles no lavables y tapicerías.
b) Cristales, madera y otros materiales.
c) Muebles lavables, muebles no lavables y otros elementos (por ejemplo, ceniceros).
d) La primera para mojar, la segunda para secar y la tercera para abrillantar.

17. El mop-sec que se usa para barrer entre muebles debe tener un ancho de:

a) 30 cm.
b) 1 m.
c) 75 cm.
d) 45 cm.

18. El cristal de la fotocopiadora debe ser limpiado con:

a) Limpiacristales.
b) Agua.

c) Alcohol y detergente.
d) Ninguna de las respuestas anteriores es correcta.

19. La limpieza exterior de una fotocopiadora se realiza con:

a) Un plumero.
b) Una esponja impregnada en detergente.
c) Una bayeta húmeda.
d) Un paño seco.

20. Los equipos informáticos deben limpiarse con:

a) Agua.
b) Productos antiestáticos.
c) Lejía.
d) Todas las respuestas anteriores son correctas.

21. La limpieza del interior de la máquina fotocopiadora:

a) Consistirá en retirar el polvo y quitarle cualquier resto de suciedad utilizando una bayeta húmeda.
b) Se realizará limpiando con un paño o bayeta secos.
c) Se utilizarán cepillos especialmente diseñados para ello y un producto capta-polvo.
d) Ninguna es correcta: esta limpieza será realizada por los profesionales del área.

22. Los ordenadores suelen atraer el polvo porque:

a) Suelen cargarse de energía estática.
b) Están fabricados de materiales que atraen el polvo.
c) Tienen imanes interiores, que atraen el polvo que tenga contenido mineral.
d) Ninguna es correcta: los ordenadores no atraen el polvo más que otros elementos de la oficina.

23. En una institución docente debemos tener en cuenta, a la hora de realizar su limpieza una serie de recomendaciones básicas de obligada observación: señale la incorrecta:

a) Vaciar las papeleras.
b) Eliminar el polvo de las zonas altas por encima de los hombros.
c) Prestar especial atención a aquellos elementos que se toquen con las manos: teléfonos, ordenadores, pomos de puertas, etc.
d) Eliminar el polvo del suelo con una mopa en suelos lisos.

24. En una institución docente antes de utilizar productos o líquidos para proceder a la limpieza, se recomienda:

a) Solo barrer los suelos de todo el colegio así como de sus accesos.
b) Solo pasar la mopa por los suelos de todo el colegio así como de sus accesos.

c) Pasar la mopa húmeda por los suelos de todo el colegio así como de sus accesos.

d) Barrer o pasar la mopa por los suelos de todo el colegio así como de sus accesos.

25. En una institución docente qué tipo de textil utilizaremos para limpiar las partículas y las superficies:

a) Utilizaremos trapos de acrílico.

b) Utilizaremos trapos de nailon.

c) Utilizaremos trapos de rayón.

d) Utilizaremos trapos de microfibras, en vez de tela.

26. Según la frecuencia en la limpieza podemos dividir las tareas higiénicas dependiendo de las necesidades en:

a) Primera limpieza: prepara las superficies después de su colocación, operación que facilitará su posterior mantenimiento.

b) Mantenimiento diario: técnicas rápidas para su aplicación día a día.

c) Limpieza periódica: operaciones que permitan tratar parcialmente aspectos puntuales a fin de obtener un nivel de limpieza compatible con las exigencias de los usuarios.

d) Todas las anteriores son correctas.

27. Entre las actividades a realizar según la frecuencia de limpieza semanal, no se encuentra:

a) Sacar telarañas y quitar polvo de las rejillas en el techo con plumero y mango, todo desde el suelo.

b) Mopear y fregar suelos duros.

c) Limpiar estanterías hasta una altura alcanzable desde el suelo. Usar desinfectante si procede.

d) Limpiar paredes hasta una altura alcanzable desde el suelo.

28. ¿Cuáles son los productos más adecuados para limpiar las pizarras?

a) Se deben utilizar productos abrasivos para limpiarlas.

b) Utilizar una bayeta humedecida en agua y un detergente neutro.

c) Usar desinfectantes y detergentes alcalinos.

d) Usar únicamente una bayeta seca.

29. ¿Cómo limpiaremos los azulejos del cuarto de baño?

a) Los azulejos, iremos de lo más limpio a lo más sucio.

b) En horizontal y de arriba abajo.

c) Se utilizará un detergente alcalino desengrasante y después se utilizará un detergente ácido débil para eliminar depósitos de sales, óxido y cal.

d) Todas las anteriores son correctas.

30. Entre las tareas de limpieza mensual no se encuentra:

a) Limpieza de zonas y dependencias de uso no diario, archivos, sótanos.
b) Quitar el polvo de todos los puntos de altura, que no se puede hacer normalmente en las tareas diarias, desde el suelo usando palos extensibles y plumero.
c) Limpieza a fondo de mobiliario con bayeta y desengrasante multiusos.
d) Limpieza de Cristales.

31. Cualquier proceso utilizado para eliminar o matar microorganismos. También se utiliza para referirse a la eliminación o neutralización de sustancias químicas peligrosas y materiales radioactivos. Es la definición de:

a) Biocida.
b) Descontaminación.
c) Desinfectante.
d) Esporicida.

32. ¿En qué consiste la limpieza de trazas?

a) Un arrastre mecánico de la suciedad con un cepillo, escobilla, esponja, agua y detergente y posterior enjuagado con agua y/o destilada.
b) En colocar el material en una solución de limpieza durante 20 o 30 min. Secar y aclarar con agua y/o destilada.
c) En utilizar ácidos o bases para la limpieza se usan lejías o disolventes orgánicos y a continuación, en una solución de HC1 1N y aclarado con agua destilada.
d) En desinfectar antes de proceder a la limpieza mediante inmersión en agua con lejía 20 – 30 min.

33. El ozono por su gran poder oxidante tiene, entre otras las siguientes propiedades:

a) Bactericida.
b) Esterilizante.
c) Fungicida.
d) Todas las anteriores son propiedades del ozono.

34. El ozono aplicado en el conducto de impulsión, a la salida de la máquina de climatización, asegura en todo momento y de manera continuada:

a) La desinfección de los conductos, atacando a la raíz del problema los microbios y la materia orgánica de que se alimentan.
b) La esterilización de los conductos, atacando a la raíz del problema los microbios y la materia orgánica de que se alimentan.
c) La antisepsia de los conductos, atacando a la raíz del problema los microbios y la materia orgánica de que se alimentan.
d) La limpieza de los conductos, atacando a la raíz del problema los microbios y la materia orgánica de que se alimentan.

Solución al test n.º 9

1. b) Con carro mopa de doble cubo.

2. d) Todas son correctas.

3. d) Todas son correctas.

4. d) Son correctas la a) y la b).

5. d) Son correctas la a) y la c).

6. b) No, ya que de esa tarea se ocupan los correspondientes profesionales.

7. b) Con bayeta de tela sin tejer impregnada de solución de detergente multiusos.

8. b) Con un paño humedecido en solución de detergente neutro.

9. c) Semanalmente.

10. d) Son correctas la b) y la c).

11. d) Son correctas la a) y la c).

12. d) Quincenalmente.

13. a) Se limpiarán como el mobiliario lavable.

14. d) Se realizará sacudiendo suavemente los teclados.

15. b) Con una bayeta de tela sin tejer humedecida en solución de detergente neutro.

16. c) Muebles lavables, muebles no lavables y otros elementos (por ejemplo, ceniceros).

17. d) 45 cm.

18. d) Ninguna de las respuestas anteriores es correcta.

19. c) Una bayeta húmeda.

20. b) Productos antiestáticos.

21. d) Ninguna es correcta: esta limpieza será realizada por los profesionales del área.

22. a) Suelen cargarse de energía estática.

23. b) Eliminar el polvo de las zonas altas por encima de los hombros.

24. d) Barrer o pasar la mopa por los suelos de todo el colegio así como de sus accesos.

25. d) Utilizaremos trapos de microfibras, en vez de tela.

26. d) Todas las anteriores son correctas.

27. b) Mopear y fregar suelos duros.

28. b) Utilizar una bayeta humedecida en agua y un detergente neutro.

29. d) Todas las anteriores son correctas.

30. a) Limpieza de zonas y dependencias de uso no diario, archivos, sótanos.

31. b) Descontaminación.

32. c) En utilizar ácidos o bases para la limpieza se usan lejías o disolventes orgánicos y a continuación, en una solución de HC1 1N y aclarado con agua destilada.

33. d) Todas las anteriores son propiedades del ozono.

34. a) La desinfección de los conductos, atacando a la raíz del problema los microbios y la materia orgánica de que se alimentan.

TEST N.º 10

**Tipos de residuos. Identificación y tratamiento.
Recogida, evacuación y reciclaje**

1. ¿Qué problemas origina la basura orgánica?

a) Son un medio ideal para la multiplicación de los microorganismos.

b) Atraen frecuentemente insectos, roedores y otros animales que ayudan a la propagación de algunas enfermedades.

c) Empiezan a descomponerse en poco tiempo y generan mal olor.

d) Todas las respuestas son correctas.

2. ¿Cómo se clasifican los residuos generados en la cocina de un centro público?

a) Urbanos.

b) Sanitarios urbanos.

c) Sanitarios asimilables a urbanos.

d) Citotóxicos y biosanitarios.

3. ¿Cuál de las siguientes afirmaciones no es correcta?

a) Los desperdicios de alimentos y de otro tipo podrán acumularse en locales por los que circulen alimentos.

b) Los desperdicios de alimentos y de otro tipo se depositarán en contenedores provistos de cierre, a menos que la autoridad competente permita el uso de otros contenedores.

c) Los depósitos de desperdicios estarán diseñados de forma que puedan mantenerse limpios e impedir el acceso de insectos y otros animales indeseables y la contaminación de los alimentos, del agua potable, del equipo o de los locales.

d) Las opciones a) y c) no son correctas.

4. ¿Qué son los envases?

a) Recipientes que se utilizan para acumular directamente los residuos.

b) Recipientes que se utilizan para acumular bolsas.

c) Contenedores.

d) Las opciones b) y c) son correctas.

5. ¿Qué características tendrán los contenedores de basura?

a) Impermeables.
b) De fácil limpieza.
c) Con tapa de cierre hermético.
d) Todas las respuestas son correctas.

6. ¿Qué requisitos debe cumplir el traslado interno de los residuos?

a) Supondrá un riesgo para el personal.
b) No se trasvasarán residuos de un envase a otro.
c) Los circuitos utilizados no serán de uso exclusivo.
d) Todas las respuestas son correctas.

7. ¿Qué afirmación es correcta?

a) Los depósitos intermedios para residuos no tendrán salida al exterior para evitar el acceso de personas no autorizadas.
b) Los depósitos intermedios serán refrigerados para evitar la proliferación de microorganismos.
c) Los depósitos intermedios no dispondrán de ventilación para evitar la propagación de olores.
d) Todas las afirmaciones anteriores son correctas.

8. ¿Qué se debe hacer con los aceites usados?

a) Deben recogerse en recipientes metálicos especiales para su posterior incineración.
b) Se tirarán por el desagüe.
c) No son contaminantes, por lo que no requieren ningún tratamiento especial.
d) Se depositan en los vertederos.

9. ¿Qué características tendrán los contenedores de residuos alimenticios?

a) Impermeables.
b) Con tapa de cierre hermético.
c) Con sistema de apertura por pedal.
d) Todas las respuestas son correctas.

10. ¿Qué es falso sobre los depósitos intermedios de residuos?

a) Serán refrigerados.
b) Tendrán entrada desde la cocina y salida al exterior.
c) Es el lugar donde se llevará a cabo la destrucción de los residuos.
d) Las opciones a) y b) son falsas.

11. ¿Cómo serán los circuitos utilizados para el traslado interno de residuos?

a) Exclusivos.
b) Separados de las vías para público.
c) De un solo sentido.
d) Las opciones a) y b) son correctas.

12. ¿Cómo puede eliminarse los residuos sólidos asimilables a urbanos?

a) Triturándolos en vertederos controlados.
b) Depositándolos en vertederos incontrolados.
c) Por incineración.
d) Todas las respuestas son correctas.

13. La Ley de residuos y suelos contaminados para una economía circular tiene por objeto:

a) Regular el régimen jurídico aplicable a la puesta en el mercado de productos en relación con el impacto en la gestión de sus residuos.
b) Regular el régimen jurídico de la prevención, producción y gestión de residuos, incluyendo el establecimiento de instrumentos económicos aplicables en este ámbito.
c) Regular el régimen jurídico aplicable a los suelos contaminados.
d) Todas las respuestas anteriores son correctas.

14. La Ley de residuos y suelos contaminados para una economía circular es de aplicación:

a) A los residuos radiactivos.
b) A las materias fecales, paja y otro material natural, agrícola o silvícola, no peligroso, utilizado en explotaciones agrícolas y ganaderas, en la silvicultura o en la producción de energía a base de esta biomasa, mediante procedimientos o métodos que no pongan en peligro la salud humana o dañen el medio ambiente.
c) A todo tipo de residuos, con algunas exclusiones.
d) A los explosivos desclasificados.

15. La Ley 7/2022, de 8 de abril, será aplicable:

a) A los cadáveres de animales que hayan muerto de forma diferente al sacrificio, incluidos los que han sido muertos con el fin de erradicar epizootias.
b) A los subproductos animales y sus productos derivados, cuando se destinen a la incineración, a los vertederos o sean utilizados en una planta de digestión anaerobia, de compostaje o de obtención de combustibles.
c) A las aguas residuales.
d) A los residuos resultantes de la prospección, de la extracción, del tratamiento o del almacenamiento de recursos minerales, así como de la explotación de canteras.

16. Se excluirán del ámbito de aplicación de la Ley 7/2022, de 8 de abril, los sedimentos reubicados en el interior de las aguas superficiales a efectos de gestión de las aguas y de las vías navegables, de prevención de las inundaciones o de mitigación de los efectos de las inundaciones y de las sequías, o de creación de nuevas superficies de terreno, si se demuestra:

a) Que dichos sedimentos son residuos.
b) Que dichos sedimentos no son residuos.
c) Que dichos sedimentos no son peligrosos.
d) Ninguna de las respuestas anteriores es correcta.

17. A los efectos de la Ley 7/2022, de 8 de abril, de residuos y suelos contaminados para una economía circular, se entenderá por residuo:

a) Cualquier sustancia que su poseedor deseche.
b) Cualquier objeto que su poseedor tenga la intención de desechar.
c) Cualquier sustancia que su poseedor tenga la obligación de desechar.
d) Todas las respuestas son correctas.

18. No se considera un residuo doméstico:

a) Los residuos que se generan en los hogares de aparatos eléctricos y electrónicos, ropa, pilas, acumuladores, muebles y enseres.
b) Los residuos y escombros procedentes de obras menores de construcción y reparación domiciliaria.
c) Los residuos generados en los hogares, servicios e industrias, como consecuencia de las actividades domésticas.
d) Los residuos generados por la actividad propia del comercio, al por mayor y al por menor, de los servicios de restauración y bares, de las oficinas y de los mercados, así como del resto del sector servicios.

19. Los residuos procedentes de limpieza de vías públicas, zonas verdes, áreas recreativas y playas, tendrán la consideración de:

a) Residuos comerciales.
b) Residuos industriales.
c) Residuos domésticos.
d) Residuos peligrosos.

20. Son residuos industriales:

a) Los vehículos abandonados.
b) Los residuos que se generan en los hogares de aparatos eléctricos y electrónicos, ropa, pilas, acumuladores, muebles y enseres.

c) Los residuos generados por la actividad propia del comercio, al por mayor y al por menor, de los servicios de restauración y bares, de las oficinas y de los mercados, así como del resto del sector servicios.

d) Los residuos resultantes de los procesos de producción, fabricación, transformación, utilización, consumo, limpieza o mantenimiento generados por la actividad industrial como consecuencia de su actividad principal.

21. Los animales domésticos muertos, tienen la consideración de:

a) Residuos domésticos.
b) Residuos comerciales.
c) Residuos industriales.
d) No tienen la consideración de residuo.

22. El residuo peligroso:

a) Es aquel que presenta una o varias características peligrosas.
b) Es aquel que puede aprobar el Gobierno de conformidad con lo establecido en la normativa europea o en los convenios internacionales de los que España sea parte.
c) Los recipientes y envases que hayan contenido residuos peligrosos.
d) Todas las respuestas son correctas.

23. Los vehículos abandonados tienen la consideración de:

a) Residuos comerciales.
b) Residuos domésticos.
c) Residuos industriales.
d) Residuos peligrosos.

24. Se consideran aceites usados todos los aceites industriales o de lubricación, de origen mineral, natural o sintético, que hayan dejado de ser aptos para el uso originalmente previsto. Entre ellos no se encuentran:

a) Los aceites usados de motores de combustión y los aceites de cajas de cambios.
b) Los aceites usados en el entorno doméstico.
c) Los aceites lubricantes.
d) Los aceites para turbinas y los aceites hidráulicos.

25. Se considera biorresiduo:

a) Los residuos alimenticios y de cocina procedentes de hogares.
b) Los residuos alimenticios y de cocina procedentes de restaurantes y servicios de restauración colectiva.
c) Los residuos alimenticios y de cocina procedentes de establecimientos de venta al por menor.
d) Todas las respuestas anteriores son correctas.

26. La Ley 7/2022, de 8 de abril, define «prevención» al conjunto de medidas adoptadas en la fase de concepción y diseño, de producción, de distribución y de consumo de una sustancia, material o producto para reducir:

a) La cantidad de residuo, incluso mediante la reutilización de los productos o el alargamiento de la vida útil de los productos.

b) Los impactos adversos sobre el medio ambiente y la salud humana de los residuos generados, incluyendo el ahorro en el uso de materiales o energía.

c) El contenido de sustancias nocivas en materiales y productos.

d) Todas las respuestas anteriores son correctas.

27. No se incluye en la definición de «productor de residuos»:

a) Las personas físicas o jurídicas que estén en posesión de residuos.

b) Cualquier persona física cuya actividad produzca residuos (productor inicial de residuos).

c) Cualquier persona que efectúe operaciones de tratamiento previo, de mezcla o de otro tipo, que ocasionen un cambio de naturaleza o de composición de esos residuos.

d) Cualquier persona jurídica cuya actividad produzca residuos (productor inicial de residuos).

28. A toda persona física o jurídica que organiza la valorización o la eliminación de residuos por encargo de terceros, se define por la Ley 7/2022, de 8 de abril, como:

a) Productor de residuos.

b) Negociante.

c) Agente.

d) Poseedor de residuos.

29. Toda persona física o jurídica que actúe por cuenta propia en la compra y posterior venta de residuos, se define por la Ley 7/2022, de 8 de abril, como:

a) Productor de residuos.

b) Negociante.

c) Agente.

d) Poseedor de residuos.

30. Según la Ley 7/2022, de 8 de abril, ¿qué se entiende por «recogida»?

a) La recogida, el transporte y tratamiento de los residuos, incluida la vigilancia de estas operaciones, así como el mantenimiento posterior al cierre de los vertederos, incluidas las actuaciones realizadas en calidad de negociante o agente.

b) Cualquier operación mediante la cual productos o componentes de productos que no sean residuos se utilizan de nuevo con la misma finalidad para la que fueron concebidos.

c) La operación consistente en el acopio, la clasificación y almacenamiento iniciales de residuos, de manera profesional, con el objeto de transportarlos posteriormente a una instalación de tratamiento.

d) Las operaciones de valorización o eliminación, incluida la preparación anterior a la valoración o eliminación.

31. La recogida en la que un flujo de residuos se mantiene por separado, según su tipo y naturaleza, para facilitar un tratamiento específico se define como:

a) Gestión de residuos.
b) Tratamiento.
c) Recogida separada.
d) Reutilización.

32. Indique cuál de las siguientes es una operación de valorización consistente en la comprobación, limpieza o reparación, mediante la cual productos o componentes de productos que se hayan convertido en residuos se preparan para que puedan reutilizarse sin ninguna otra transformación previa:

a) Preparación para la reutilización.
b) Reciclado.
c) Reutilización.
d) Eliminación.

33. ¿Cuál de las siguientes definiciones se relaciona con el «reciclado»?

a) Cualquier operación de reciclado que permita producir aceites de base mediante el refinado de aceites usados, en particular mediante la retirada de los contaminantes, los productos de la oxidación y los aditivos que contengan dichos aceites.

b) Cualquier operación que no sea la valorización, incluso cuando la operación tenga como consecuencia secundaria el aprovechamiento de sustancias o energía.

c) Toda operación de valorización mediante la cual los materiales de residuos son transformados de nuevo en productos, materiales o sustancias, tanto si es con la finalidad original como con cualquier otra finalidad.

d) La operación de valorización consistente en la comprobación, limpieza o reparación, mediante la cual productos o componentes de productos que se hayan convertido en residuos se preparan para que puedan reutilizarse sin ninguna otra transformación previa.

34. La operación de reciclado incluye:

a) La transformación del material orgánico.
b) La valorización energética.
c) La transformación en materiales que se vayan a usar como combustibles.
d) Las operaciones de relleno.

35. ¿Qué concepto se vincula con la siguiente definición: material orgánico higienizado y estabilizado obtenido a partir del tratamiento controlado biológico aerobio y termófilo de residuos biodegradables recogidos separadamente?

a) Suelo contaminado.
b) Material bioestabilizado.
c) Compost.
d) Aceite usado.

36. Señala cuál de las siguientes opciones son incorrectas. Una sustancia u objeto, resultante de un proceso de producción, cuya finalidad primaria no sea la producción de esa sustancia u objeto, puede ser considerada como subproducto y no como residuo, cuando se cumplan cuatro condiciones:

a) Que se tenga la seguridad de que la sustancia u objeto va a ser utilizado ulteriormente.
b) Que la sustancia u objeto se tenga que someter a una transformación ulterior distinta de la práctica industrial habitual.
c) Que la sustancia u objeto se produzca como parte integrante de un proceso de producción.
d) Que el uso ulterior cumpla todos los requisitos pertinentes relativos a los productos así como a la protección de la salud humana y del medio ambiente, sin que produzca impactos generales adversos para la salud humana o el medio ambiente.

37. ¿Qué ley ha venido a derogar la nueva Ley 7/2022, de 8 de abril, de residuos y suelos contaminados para una economía circular?

a) La Ley 37/2009, de 17 de enero, de residuos y suelos contaminados.
b) La Ley 33/2010, de 9 de abril, de residuos y suelos contaminados.
c) La Ley 5/2011, de 30 de septiembre, de residuos y suelos contaminados.
d) La Ley 22/2011, de 28 de julio, de residuos y suelos contaminados.

38. La Ley 7/2022, de 8 de abril, de residuos y suelos contaminados para una economía circular, no es aplicable a:

a) Los explosivos desclasificados.
b) Los suelos contaminados.
c) Los productos fabricados con plástico oxodegradable.
d) Los artes de pesca que contienen plásticos.

39. A tenor de la Ley 7/2022, de 8 de abril, la persona física o jurídica, pública o privada, registrada mediante autorización o comunicación que realice cualquiera de las operaciones que componen la gestión de los residuos, sea o no el productor de los mismos, se define como:

a) Negociante.
b) Gestor de residuos.

c) Manipulador de residuos.
d) Intermediario.

40. ¿Cómo define la Ley de residuos y suelos contaminados para una economía circular a toda persona física o jurídica que actúe por cuenta propia en la compra y posterior venta de residuos, incluidas aquellas que no tomen posesión física de los residuos?

a) Negociante.
b) Tratante.
c) Manipulador de residuos.
d) Intermediario.

41. Toda operación de valorización en la que se utilizan residuos no peligrosos aptos para fines de regeneración en zonas excavadas o para obras de ingeniería paisajística, se denomina en la nueva Ley de residuos y suelos contaminados para una economía circular como:

a) Relleno.
b) Colmado.
c) Picado.
d) Batido.

42. Cualquier operación cuyo resultado principal sea que el residuo sirva a una finalidad útil al sustituir a otros materiales, que de otro modo se habrían utilizado para cumplir una función particular o que el residuo sea preparado para cumplir esa función en la instalación o en la economía en general, es definida por la Ley 7/2022, de 8 de abril, como:

a) Valorización.
b) Tratamiento.
c) Biotransformación.
d) Biotratamiento.

43. Cualquier operación mediante la cual productos o componentes de productos que no sean residuos se utilizan de nuevo con la misma finalidad para la que fueron concebidos, es denominada en la Ley de residuos y suelos contaminados para una economía circular como:

a) Biotransformación.
b) Valorización.
c) Reutilización.
d) Reciclaje.

44. La Ley 7/2022, de 8 de abril, de residuos y suelos contaminados para una economía circular, define como residuos domésticos a:

a) Los residuos peligrosos generados en los hogares como consecuencia de las actividades domésticas.
b) Los similares en composición y cantidad a los residuos peligrosos o no peligrosos generados en los hogares como consecuencia de las actividades domésticas generados en servicios e industrias, que no se generen como consecuencia de la actividad propia del servicio o industria.

c) Los residuos no peligrosos generados en los hogares como consecuencia de las actividades domésticas.

d) Todas las respuestas son correctas.

45. ¿Cómo define la Ley 7/2022, de 8 de abril, a cualquier sustancia u objeto que su poseedor deseche o tenga la intención o la obligación de desechar?

a) Resto.
b) Sobrante.
c) Despojo.
d) Residuo.

46. ¿Qué consideración otorga la Ley 7/2022, de 8 de abril, a los residuos procedentes de los servicios de restauración y bares?

a) Residuos industriales.
b) Residuos domésticos.
c) Residuos agrarios y silvícolas.
d) Residuos comerciales.

47. Los residuos peligrosos del hogar y residuos voluminosos, incluidos los colchones y los muebles, tienen la consideración en la Ley 7/2022, de 8 de abril, de residuos y suelos contaminados para una economía circular, de:

a) Residuos municipales.
b) Residuos industriales.
c) Residuos domésticos.
d) Residuos comerciales.

48. Los escombros procedentes de obras menores de construcción y reparación domiciliaria, tienen la consideración en la Ley 7/2022, de 8 de abril, de residuos y suelos contaminados para una economía circular, de:

a) Residuos industriales.
b) Residuos municipales.
c) Residuos de construcción y demolición.
d) Residuos domésticos.

Solución al test n.º 10

1. d) Todas las respuestas son correctas.

2. c) Sanitarios asimilables a urbanos.

3. a) Los desperdicios de alimentos y de otro tipo podrán acumularse en locales por los que circulen alimentos.

4. a) Recipientes que se utilizan para acumular directamente los residuos.

5. d) Todas las respuestas son correctas.

6. b) No se trasvasarán residuos de un envase a otro.

7. b) Los depósitos intermedios serán refrigerados para evitar la proliferación de microorganismos.

8. a) Deben recogerse en recipientes metálicos especiales para su posterior incineración.

9. d) Todas las respuestas son correctas.

10. c) Es el lugar donde se llevará a cabo la destrucción de los residuos.

11. d) Las opciones a) y b) son correctas.

12. c) Por incineración.

13. d) Todas las respuestas anteriores son correctas.

14. c) A todo tipo de residuos, con algunas exclusiones.

15. b) A los subproductos animales y sus productos derivados, cuando se destinen a la incineración, a los vertederos o sean utilizados en una planta de digestión anaerobia, de compostaje o de obtención de combustibles.

16. c) Que dichos sedimentos no son peligrosos.

17. d) Todas las respuestas son correctas.

18. d) Los residuos generados por la actividad propia del comercio, al por mayor y al por menor, de los servicios de restauración y bares, de las oficinas y de los mercados, así como del resto del sector servicios.

19. c) Residuos domésticos.

20. d) Los residuos resultantes de los procesos de producción, fabricación, transformación, utilización, consumo, limpieza o mantenimiento generados por la actividad industrial como consecuencia de su actividad principal.

21. a) Residuos domésticos.

22. d) Todas las respuestas son correctas.

23. b) Residuos domésticos.

24. b) Los aceites usados en el entorno doméstico.

25. d) Todas las respuestas anteriores son correctas.

26. d) Todas las respuestas anteriores son correctas.

27. a) Las personas físicas o jurídicas que estén en posesión de residuos.

28. c) Agente.

29. b) Negociante.

30. c) La operación consistente en el acopio, la clasificación y almacenamiento iniciales de residuos, de manera profesional, con el objeto de transportarlos posteriormente a una instalación de tratamiento.

31. c) Recogida separada.

32. a) Preparación para la reutilización.

33. c) Toda operación de valorización mediante la cual los materiales de residuos son transformados de nuevo en productos, materiales o sustancias, tanto si es con la finalidad original como con cualquier otra finalidad.

34. a) La transformación del material orgánico.

35. c) Compost.

36. b) Que la sustancia u objeto se tenga que someter a una transformación ulterior distinta de la práctica industrial habitual.

37. d) La Ley 22/2011, de 28 de julio, de residuos y suelos contaminados.

38. a) Los explosivos desclasificados.

39. b) Gestor de residuos.

40. a) Negociante.

41. a) Relleno.

42. a) Valorización.

43. c) Reutilización.

44. d) Todas las respuestas son correctas.

45. d) Residuo.

46. d) Residuos comerciales.

47. a) Residuos municipales.

48. d) Residuos domésticos.

TEST N.º 11

Ordenanza municipal reguladora de la limpieza y de residuos del Ayuntamiento de León

1. ¿Qué artículo de la Carta Magna incorpora, como uno de los principios rectores de la política social y económica, el derecho de todos a disfrutar de un medio ambiente adecuado para el desarrollo de la persona, así como el deber de conservarlo?

a) El art. 46.
b) El art. 45.
c) El art. 41.
d) El art. 39.

2. A tenor del art. 26 de la Ley 7/1985, de 2 de abril, Reguladora de las Bases del Régimen Local, se impone a los municipios la obligación de prestar una serie de servicios, entre los que se encuentra expresamente la "protección del medio ambiente", que incumbe a todos los municipios de más de:

a) 50.000 habitantes.
b) 30.000 habitantes.
c) 25.000 habitantes.
d) 20.000 habitantes.

3. ¿Qué ley atribuye a las entidades locales, como servicio obligatorio, la recogida, el transporte y el tratamiento de los residuos domésticos generados en los hogares, comercios y servicios?

a) La Ley 7/1985, de 2 de abril.
b) La Ley 11/1997, de 20 de abril.
c) La Ley 265/2021, de 13 de abril.
d) La Ley 7/2022, de 8 de abril.

4. ¿Qué decreto del Plan Regional de Ámbito Sectorial es el denominado «Plan Integral de Residuos de Castilla y León»?

a) El Decreto 110/2015, de 20 de febrero.
b) El Decreto 11/2014, de 20 de marzo.
c) El Decreto 265/2021, de 13 de abril.
d) El Decreto 74/2002, de 30 de mayo.

5. ¿Qué Título de la Ordenanza municipal reguladora de la limpieza y de residuos del Ayuntamiento de León regula las condiciones en que el Ayuntamiento, y el usuario, utilizan los servicios destinados a la recogida de los desechos y residuos domésticos y asimilados?

a) El Título I.
b) El Título II.
c) El Título III.
d) El Título IV.

6. ¿Cómo denomina la Ordenanza municipal reguladora de la limpieza y de residuos del Ayuntamiento de León al residuo biodegradable de jardines y parques, residuos alimenticios y de cocina procedentes de hogares, restaurantes, servicios de restauración colectiva y establecimientos de venta al por menor, así como residuos comparables procedentes de plantas de procesado de alimentos?

a) Residuo industrial.
b) Residuo peligroso.
c) Biorresiduo.
d) Residuo biológico.

7. ¿Cómo define la Ordenanza municipal reguladora de la limpieza y de residuos del Ayuntamiento de León al productor u otra persona física o jurídica que esté en posesión de residuos?

a) Poseedor de residuos.
b) Productor de residuos.
c) Generador de residuos.
d) Gestor de residuos.

8. Cualquier operación mediante la cual productos o componentes de productos que no sean residuos se utilizan de nuevo con la misma finalidad para la que fueron concebidos, es definida por la Ordenanza municipal reguladora de la limpieza y de residuos del Ayuntamiento de León como:

a) Reciclaje.
b) Reutilización.

c) Valorización.
d) Tratamiento.

9. Dispone la Ordenanza municipal reguladora de la limpieza y de residuos del Ayuntamiento de León que los titulares de establecimientos para los cuales se realicen operaciones de carga y descarga deberán proceder al lavado de las aceras para mantener la vía pública en las debidas condiciones de limpieza:

a) Una vez al día, al cierre.
b) Dos veces al día, al inicio y al cierre de la actividad.
c) Tres veces por semana, como mínimo.
d) Cuantas veces fuese preciso.

10. El papel y el cartón se depositarán en contenedor o buzón neumático o de recogida soterrada de color:

a) Verde.
b) Amarillo.
c) Azul.
d) Gris oscuro.

11. ¿De qué color son los contenedores donde se depositan la ropa y el calzado?

a) Gris oscuro.
b) Naranja.
c) Gris claro.
d) Negro.

12. ¿A partir de qué hora podrán los usuarios depositar en los contenedores los residuos pertenecientes a la fracción orgánica y "resto"?

a) A partir de las 18 horas.
b) A partir de las 20 horas.
c) A partir de las 21 horas.
d) A partir de las 22 horas.

13. La Ordenanza municipal reguladora de la limpieza y de residuos del Ayuntamiento de León prohíbe:

a) El depósito a granel en los contenedores de los residuos de materia orgánica y resto.
b) El depósito de residuos en los contenedores cuando, por su tamaño, se obstruya la boca de recepción.
c) El abandono de residuos en la vía pública.
d) Todas las respuestas son correctas.

14. ¿De qué color son los buzones de la recogida neumática destinados a envases ligeros de carácter doméstico (envases de plástico, latas y bricks)?

a) Verde.
b) Amarillo.
c) Azul.
d) Gris.

15. Se considerarán vehículos abandonados aquellos que hayan sido depositados en el depósito municipal tras su retirada de la vía pública por la autoridad competente y haya transcurrido desde su depósito más de:

a) Veinte días.
b) Un mes.
c) 45 días.
d) Dos meses.

16. Respecto a los residuos procedentes de obras menores y reparaciones domiciliarias, podrán depositarse, en bolsas perfectamente cerradas, junto con los residuos que no tengan una recogida selectiva diferenciada, si el volumen de los residuos no sobrepasa:

a) Los 60 litros.
b) Los 50 litros.
c) Los 30 litros.
d) Los 20 litros.

17. Previa presentación de copia, o resguardo de pago de la tasa correspondiente, de la declaración responsable de ejecución de obra menor o requisito legal equivalente, los residuos procedentes de obras menores y reparaciones domiciliarias podrán depositarse en alguno de los Puntos Limpios Municipales, siempre que no superen un máximo de:

a) 150 litros.
b) 160 litros.
c) 170 litros.
d) 175 litros.

18. Los propietarios y responsables de áreas ajardinadas podrán depositar los residuos en los contenedores verdes para la fracción orgánica y "resto" de los residuos domiciliarios, siempre que su volumen no exceda de:

a) 20 litros.
b) 25 litros.
c) 30 litros.
d) 50 litros.

19. Los residuos de realización de análisis, curas, yesos y pequeñas intervenciones quirúrgicas, y cualquier otra actividad análoga (Grupo II), deberán depositarse en bolsas de color verde que cumpla la Norma UNE 53-147-85 con galga mínima:

a) 150.
b) 175.
c) 200.
d) 300.

20. ¿Qué tipo de infracción es arrojar a la vía pública residuos tales como colillas, papeles, chicles, envoltorios o cualquier otro desperdicio similar a tenor de la Ordenanza municipal reguladora de la limpieza y de residuos del Ayuntamiento de León?

a) Muy grave.
b) Grave.
c) Menos grave.
d) Leve.

21. Señala cuál de las siguientes no es una de las infracciones leves contempladas en la Ordenanza municipal reguladora de la limpieza y de residuos del Ayuntamiento de León:

a) Escupir, orinar o defecar en la vía pública.
b) No respetar las obligaciones de limpieza y de evitar la producción de polvo establecidas en los casos de ejecución de obras.
c) Realizar pintadas en la vía pública sobre elementos estructurales, calzadas, aceras, mobiliario urbano, muros y paredes.
d) Sacudir alfombras, ropas, escobas o similares sobre la vía pública.

22. ¿Qué tipo de infracción supondrá el ensuciar la vía pública durante las actividades de manipulación, carga y transporte de los residuos peligrosos o de los residuos industriales?

a) Muy grave.
b) Grave.
c) Menos grave.
d) Leve.

23. Señala cuál de las siguientes no es una de las infracciones graves contempladas en la Ordenanza municipal reguladora de la limpieza y de residuos del Ayuntamiento de León:

a) La creación y/o utilización de vertederos incontrolados.
b) El abandono incontrolado de residuos de construcción y demolición.
c) Impedir u obstaculizar las labores de inspección propias del Ayuntamiento que tengan por objeto asegurar el cumplimiento de las prescripciones de la Ordenanza.
d) El abandono de animales muertos o su inhumación en terrenos de dominio público.

24. Enterrar o incinerar cualquier tipo de residuo industrial, salvo que exista autorización previa del órgano competente, constituye una infracción de carácter:

a) Muy grave.
b) Grave.
c) Menos grave.
d) Leve.

25. Las infracciones leves en materia de limpieza serán sancionadas con multa de:

a) 100,00 hasta 750,00 €.
b) 50,00 hasta 600,00 €.
c) 50,00 hasta 750,00 €.
d) 100,00 hasta 750,00 €.

26. No es uno de los criterios para graduar la cuantía y el alcance de las sanciones:

a) La reiteración, por la comisión en el plazo de un año anterior a que se cometa o comenzara a cometerse la infracción, de una infracción de la misma norma y distinta naturaleza, cuando así haya sido sancionada por una resolución firme.
b) La reincidencia, por la comisión en el término de un año, de más de una infracción de la misma naturaleza, cuando así haya sido declarada por resolución firme.
c) La gravedad de la infracción.
d) Las circunstancias del responsable.

27. Las infracciones leves en materia de residuos cuando se trate de residuos peligrosos se sancionará con multa de hasta:

a) 12.000 euros.
b) 10.000 euros.
c) 9.000 euros.
d) 6.000 euros.

28. ¿Cuándo prescriben las infracciones leves en materia de limpieza?

a) Al mes.
b) A los tres meses.
c) A los cinco meses.
d) A los seis meses.

29. Las sanciones ya impuestas en materia de limpieza prescriben en los mismos plazos que las infracciones del mismo grado, salvo las sanciones por infracciones leves, que prescriben en el plazo de:

a) Un año.
b) Nueve meses.

c) Seis meses.
d) Tres meses.

30. ¿Cuándo prescriben las infracciones graves en materia de residuos?

a) A los tres años.
b) A los dos años.
c) Al año.
d) A los seis meses.

Solución al test n.º 11

1. b) El art. 45.

2. a) 50.000 habitantes.

3. d) La Ley 7/2022, de 8 de abril.

4. b) El Decreto 11/2014, de 20 de marzo.

5. c) El Título III.

6. c) Biorresiduo.

7. a) Poseedor de residuos.

8. b) Reutilización.

9. d) Cuantas veces fuese preciso.

10. c) Azul.

11. a) Gris oscuro.

12. c) A partir de las 21 horas.

13. d) Todas las respuestas son correctas.

14. b) Amarillo.

15. d) Dos meses.

16. d) Los 20 litros.

17. a) 150 litros.

18. a) 20 litros.

19. c) 200.

20. d) Leve.

21. c) Realizar pintadas en la vía pública sobre elementos estructurales, calzadas, aceras, mobiliario urbano, muros y paredes.

22. a) Muy grave.

23. a) La creación y/o utilización de vertederos incontrolados.

24. a) Muy grave.

25. c) 50,00 hasta 750,00 €.

26. a) La reiteración, por la comisión en el plazo de un año anterior a que se cometa o comenzara a cometerse la infracción, de una infracción de la misma norma y distinta naturaleza, cuando así haya sido sancionada por una resolución firme.

27. c) 9.000 euros.

28. d) A los seis meses.

29. a) Un año.

30. a) A los tres años.

Cómo acceder al Curso

Limpiador/a de Edificios
Test del Temario

El uso de los códigos **es exclusivo de los compradores de los productos de Editorial MAD**. Cada producto posee un código único y de un solo uso. Es personal e intransferible y da acceso a servicios y contenidos adicionales. Editorial MAD se reserva el derecho de hacer cuantas comprobaciones sean necesarias para identificar al legítimo poseedor del código y dejar de dar servicio a quien haga uso fraudulento del mismo, además de emprender cuantas acciones legales estime oportunas según la legislación vigente.

Deberás acceder a:

mad.es/registro-campus

Si una vez aceptadas las condiciones de uso del Campus decides hacer uso del mismo, necesitarás del siguiente código de acceso junto con los códigos del resto de títulos que se exigen (si fuera el caso):

GAH9YXWB15